"他这样辛辛苦苦地搜索、记录、分辨，又几番地校正，几番地整理，才成了这本小书。他这才真是采风呢。他以一个人的力量来做采风的工作，可以说是前无古人。"

——朱自清
曾任西南联大中文系主任
杰出散文家、诗人，清华中文系教授

"语言学者，可以研究文音；社会学者，可以研究文化；文学家可能研究民歌的格局和情调。……教育者根据事实，运用工具，追求理想。由这些民歌，陈现了事实，贡献了工具，也未尝不能暗示理想。"

——黄钰生
时任"湘黔滇旅行团"实际负责人"二黄团长"之一
曾任西南联合大学建设长、师范学院院长
著名教育家、图书馆学家

"《西南采风录》是湘黔滇步行团有关文献最早的出版物，也是步行团重要的成果之一。"

——申泮文
"湘黔滇旅行团"成员
中国科学院院士、无机化学家、教育家、科普作家

"……徒步西来，沿途分门别类收集了不少材料。其中歌谣一部分，共计二千多首，是刘君兆吉一个人独力采集的。他这种毅力实在令人敬佩。……我惭愧对这部分材料在采集工作上，毫未尽力，但事后却对它发生了极大兴趣。"

——闻一多
曾任学校"湘黔滇旅行团"指导教师
诗人、文学家、教育家

西南采风录

刘兆吉编

麦谷教育出版社
MG Education Press

《西南采风录》

刘兆吉编

© 2023 刘重来及麦谷教育出版社

本书中文简体字版版权为刘重来与麦谷教育出版社（MG Education Press）共同持有。除获双方著作权持有人书面授权外，任何人不得在任何地区、以任何方式翻印、仿制或转载本书文字、照片及图表，违者必究。

国际统一书号：

ISBN 979-8-88847-002-2 (pbk)

ISBN 979-8-88847-003-9 (ebk)

责任编辑：邢 沅　兰 珍

封面题字：郑 光

封面设计：未来十年设计工作室

Collection of Folk Songs from Southwest China

By Zhaoji Liu

Copyright © 2023 Chonglai Liu and MG Education Press

All rights reserved.

ISBN 979-8-88847-002-2 (pbk)

ISBN 979-8-88847-003-9 (ebk)

Editing by Yuan Xing and Lanzhen

Cover inscription by Guang Zheng

Cover design by The Next 10 Years Design Studio

Published in the United States of America

by MG Education Press

https://mgedpress.org

内容简介

　　1937 年抗战爆发，北京大学、清华大学、南开大学奉命南迁，组成国立长沙临时大学（国立西南联合大学前身），随即又在烽火中再次西迁。学校精选二百多名师生组成了"国立长沙临时大学湘黔滇旅行团"（俗称"步行团"），68 天步行 3500 里穿越三省前往昆明。"步行团"师生一路行军一路进行经济文化社会调查，完成了中国教育史上独一无二的"文化长征"。本书即"步行团"收获的硕果。作者千辛万苦在湘黔滇西南边陲向当地乡民采集原生态民间歌谣两千多首，精心选编了情歌、儿童歌谣、抗日歌谣、采茶歌、民怨、杂类六类七百余篇编成此书。从中可以深刻了解当时纷繁复杂的社会习俗、民情心态，同时，也可以了解到西南联大师生读书不忘救国、身在书斋心系民众社会的高尚情怀，至今仍是极富价值的历史资料。为了便于读者了解时代背景和相关情况，本书添补了"湘黔滇旅行团"简介、"爷爷和他的学生兵"及"一个'前无古人'的采风壮举"三篇特稿，配合原著深化提高以达到上述目的。

吴大昌简介

　　吴大昌教授，1918 年出生于浙江杭州富阳新登。1936 年考入清华大学机械工程系。1937 年抗战军兴随校南迁长沙。1938 年参加学校"湘黔滇旅行团"，68 天步行三千五百里抵达昆明，那时北大、清华、南开已奉命组成国立西南联合大学。1940 年吴大昌从联大清华毕业。1946 年 7 月赴美学习农业工程，1948 年毕业于伊利诺伊大学，1949 年获堪萨斯大学农业工程硕士学位。1950 年回国，任教华北大学工学院（北京理工大学前身）。历任副教授、教授、国务院学位委员会第一、二届学科评议组成员。1988 年退休。

祝贺新版《西南采风录》出版

湘黔滇步行团成员吴大昌

2022.09.12

"步行团"唯一健在的团员、104 岁高龄的吴大昌先生为本书题词

刘兆吉

    刘兆吉（1913—2001），著名心理学家，中国心理学会常务理事、教育心理学专业委员会主任，西南师范学院（今西南大学）教授。刘兆吉1935年考入私立南开大学哲学教育系，抗战爆发后入国立长沙临大随校南迁，参加了"湘黔滇步行团"一路采风，编著了《西南采风录》。西南联大成立后，刘兆吉发起组织了联大第一个文学社团"南湖诗社"，查良铮（穆旦）、赵瑞蕻、周定一等都是诗社骨干，而且后来各自都取得了重要成就。1939年联大毕业后，经黄钰生先生举荐到重庆南开中学工作。1946年赴四川教育学院、重庆大学任教。1951年院系调整入西南师范学院任教。"十年动乱"刘兆吉遭遇无端迫害，1976年获平反。2001年因病去世。

目　次

朱序

古代有采风的传说。说是每年七八月间，天子派了使者乘着轻车到各处去采集歌谣。各国也都设着太师的官，专管采集歌谣。目的是在"观风俗，知厚薄"，一面也可以供歌唱。这叫作采风，是一种要政。这传说有好几种变形。有人说是在每年四月开始农作的时候，"行人"的官摇着木铃子随地聚众采访歌谣。又有人说，男女六十岁以上没有儿子，便叫他们穿上花衣服，带着乐器，去采访歌谣。这些都说得很认真，可惜都不是实际制度，都只是理想。原来汉武帝时，确有个采集歌谣的工作，那完全是为了歌唱。一般学者看了这件事，便创造出一个采风的理想，安排在美丽的古代。但后来人很相信这个传说。白居易曾经热烈地希望恢复这个制度，他不知道这个制度原是不曾有过的。

民国六年，北京大学成立了歌谣研究会，开始征集歌谣。他们行文到各省教育厅，请求帮助。一面提倡私人采集。这成了一种运动。目的却不是政治的、音乐的，而是文艺的学术的。他们要将歌谣作为新诗的参考，要将歌谣作为民俗研究的一种张本。这其间私人采集的成绩很好。二十年来，出了好些歌谣集，是很有意义的"材料的记录"。这些人采集歌谣，大概是请教各人乡里的老人和孩子。这中间自然有许多劳苦艰难，但究竟是同乡，方言和习惯都没有多少隔阂的地方，比在外乡总好办得多。这回南开大学的同学山东刘兆吉先生在西南采集歌谣，却是在外乡，这需要更多的毅力。刘先生居然能采到二千多首，他的成绩是值得赞美的。

刘先生是长沙临时大学的步行团[1]的一员。他从湖南过贵州到云南，三千里路费了三个月[2]。在开始的时候，他就决定从事采集歌谣的工作。一路上他也请教老人和孩子，有时候他请小学里教师帮忙，让小朋友写他们所知道的歌谣。但他是外乡人，请教人的时候，有些懒得告诉他；有些是告诉他了，他却不见得能够听懂每一个字。这些时候，他得小心地再三地请教。若有小学教师帮助，自然方便得多。但有的教师觉得真正的歌谣竟是"不登大雅"；他们便教小朋友们只写些文绉绉的唱歌儿充数。这是一眼就看得出的，刘先生只得割爱，因为他要的是歌谣。他这样辛辛苦苦地搜索、记录、分辨，又几番地校正，几番地整理，才成了这本小书。他这才真是采风呢。他以一个人的力量来做采风的工作，可以说是前无古人。

他将采风的歌谣分为六类。就中七言四句的"情歌"最多，这就是西南各省流行的山歌。四百多首里有三分之一可以说是好诗。这中间不缺少新鲜的语句和特殊的地方色彩，读了都可以增扩我们自己。还有"抗战歌谣"和"民怨"两类，虽然没有什么技巧，却可以见出民众的敌忾和他们对于政治的态度；这真可以"观风俗"了。历来各家采集的歌谣，大概都流传已久；新唱出来的时事歌谣，非像刘先生这样亲历民间，是不容易得到的。书中所录，偶有唱本。刘先生所

---

[1] 正确的全称应当是：国立长沙临时大学湘黔滇旅行团，通常俗称"步行团"。——编者注（书中脚注均为编者注，下文不再另加说明。）

[2] 湘黔滇旅行团最终实际行程三千五百里，历经68天。

经各地，有些没能采得歌谣，他便酌选唱本，弥补这个缺憾。但是唱本出于文人之手，不同歌谣的自然，似乎还是分开来好些。刘先生采集的歌谣，也有猥亵的，因不适于一般读者，都已删去。总之这是一本有意义的民俗的记录；刘先生的力量是不会白费的。

朱自清

民国二十八年四月，昆明

朱自清，本名自华，号秋实，字佩弦，杰出散文家、诗人，北大哲学系毕业，清华中文系教授，五四时期重要的文学家。1948年胃穿孔病逝于北平，年仅 50 岁。时曾任西南联大中文系主任。

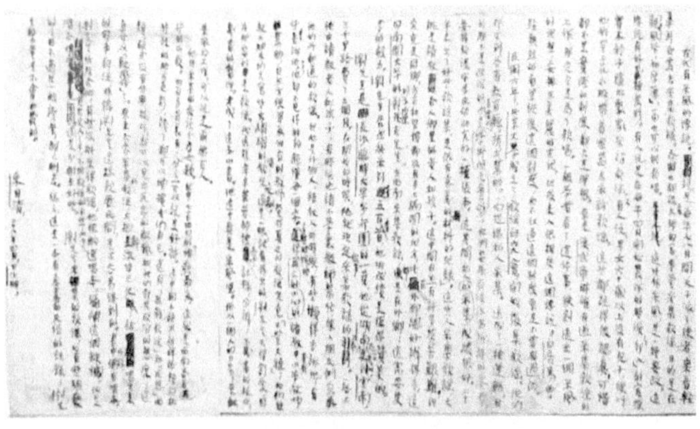

朱自清为《西南采风录》作序手稿

黄 序

民国二十七年[3]一月，长沙临时大学，决计西迁。师生之好游历者三百人，组成"湘黔滇旅行团"从长沙徒步走到昆明。旅途中，团员各就性之所好，学之所专，作种种考察和研究。文学院刘君兆吉，一路上专采集歌谣。

一路上，我是个常川的落伍者。太阳已西，"先锋"早到了"宿营地"，我还在中途。好几次（末一次，记得是在到曲靖的道上）我在中途遇到刘君，和老老少少的人们，在一起谈话———一边谈一边写。这样健步的刘君时常被我赶上。一群人，围着一个异乡的青年，有时面面相觑，有时哄然大笑，是笑言语不通，手指脚画，面面相觑，是要窥测真意。本来，一个穿黄制服的外乡人，既不是兵，又不一定是学生，跑来问长问短，是稀有的事，是可疑的事———稀有，所以舍不得让他就走；可疑，所以对他又不肯说话。

这是我所见到的情形。刘君用力之勤，工作之难，可以想见。辛苦的结果，在六十八日之中，采集了二千多首歌谣，这不能不说是丰富的收获。将采集所得，汇刊出来，也是一宗有用的文献。语言学者，可以研究文音；社会学者，可以

---

[3] 民国二十七年即 1938 年。

研究文化；文学家可能研究民歌的格局和情调。刘君除了喜爱文学之外，对于教育也有专长，此番采集，想也有教育的用意。教育者根据事实，运用工具，追求理想。由这些民歌，陈现了事实，贡献了工具，也未尝不能暗示理想。古人所称

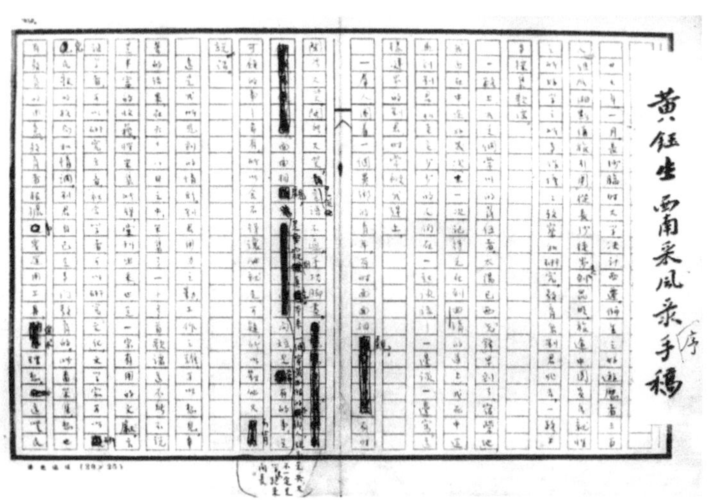

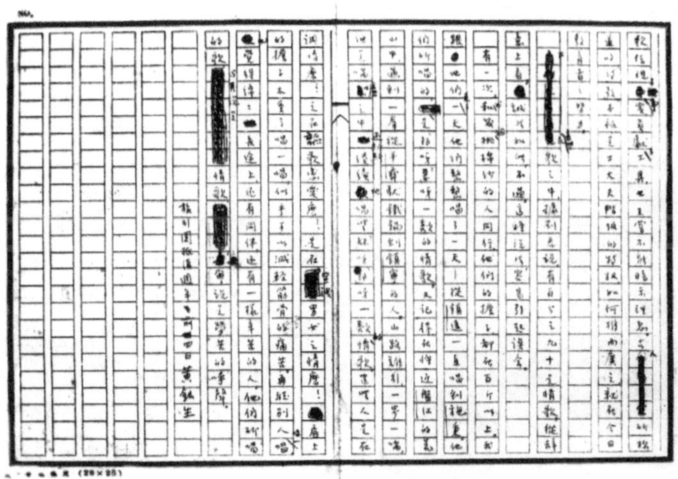

黄钰生序手稿（图片由黄钰生女儿黄满提供）

道的"诗教"，本只是士大夫阶级的特权，如何推而广之，就在今日教育者之努力。

这些民歌之中，据刘君说，有百分之九十是情歌。从辞意上看，诚然如此。不过，这种说法，容易引起误会。

有一次，我和几个挑棉纱的人同行。他们的担子，都在百斤以上。我跟他们走了一天，他们整整唱了一天——从镇远一直唱到施秉。他们所唱的，是"郎"呀"妾"呀一类的情歌。又记得，在将近盘江的荒山中，遇到一群从平彝驮铁锅到镇宁的人。山路难行，一步一喘，但是喘嘘之中，还断断续续地唱些"妹"呀"郎"呀一类的情歌。这些人是在调情么？是在讴歌恋爱么？是在宣泄男女之情么？肩上的担子太重了，唱一唱，似乎可以减轻筋骨的痛苦。再听人唱一唱，也觉得绵绵长途上，还有同伴，还有一样辛苦的人。他们所唱的歌，与其说是情歌，毋宁说是劳苦的呼声。

旅行团抵滇周年前四日黄钰生序

黄钰生，字子坚，著名教育家、图书馆学家。清华大学毕业后赴美留学，归国后在天津南开大学任教。曾任西南联合大学建设长、师范学院院长。时任"湘黔滇旅行团"实际负责人"二黄团长"之一。

闻 序

正在去年这时候，学校由长沙迁昆明，我们一部分人组织了一个湘黔滇旅行团，徒步西来，沿途分门别类收集了不少材料。其中歌谣一部分，共计二千多首，是刘君兆吉一个人独力采集的。他这种毅力实在令人敬佩。现在这些歌谣要出版行世了，刘君因我当时曾挂名为这部分工作的指导人，要我在书前说几句话。我惭愧对这部分材料在采集工作上，毫未尽力，但事后却对它发生了极大兴趣。一年以来，总想下番工夫把它好好整理一下，但因种种关系，终未实行。这回书将出版，答应刘君作序，本拟将个人对这材料的意见先详尽地写出来，作为整理工作的开端，结果又一再因事耽延，不能现实。这实在对不起刘君。然而我读过这些歌谣，曾发生一个极大的感想，在当前这时期，却不能不尽先提出请国人注意。

在都市街道上，一群群乡下人从你的眼角滑过，你的印象是愚鲁、迟钝、畏缩，你万想不到他们每颗心里都有一段骄傲，他们男人的憧憬是：

快刀不磨生黄锈，

胸膛不挺背腰驼，（安南）

女子所得意的是：

　　斯文滔滔讨人厌，

　　庄稼粗汉爱死人，

　　郎是庄稼老粗汉，

　　不是白脸假斯文。（贵阳）

他们何尝不要物质的享乐，但鼠窃狗偷的手段，却是他们所不齿的！

　　吃菜要吃白菜头，

　　跟哥要跟大贼头，

　　睡到半夜钢刀响，

　　妹穿绫罗哥穿绸。（盘县）

哪一个都市人，有这样的气魄、讲话或设想？

　　生要恋来死要恋，

　　不怕亲夫在眼前，

　　见官犹如见父母，

　　坐牢犹如坐花园。（盘县）

　　火烧东山大松林，

　　姑爷告上丈人门，

　　叫你姑娘快长大，

　　我们没有看家人。（宣威）

　　马摆高山高又高，

　　打把火钳插在腰，

　　哪家姑娘不嫁我，

　　关起四门放火烧。

闻一多序手稿

你说这是原始，是野蛮。对了，如今我们需要的正是它。我们文明得太久了，如今人家逼得我们没有路走，我们该拿出人性中最后的最神圣的一张牌来，让我们那在人性的幽暗角落里蛰伏了数千年的兽性跳出来反噬他一口。打仗本不是一种文明姿态，当不起什么"正义感""自尊心""为国家争人格"一类的奉承。干脆的是人家要我们的命，我们是豁出去了，是困兽犹斗。如今是千载一时的机会，给我们试验自己血中是否还有着那只狰狞的动物，如果没有，只好自忍是个精神上"天阉"的民族，休想在这地面上混下去了。感谢上苍，在前方，姚子青、八百壮士，每个在大地上或天空中粉身碎骨了的男儿，在后方几万万以"睡到半夜钢刀响"为乐的"庄稼老粗汉"，已经保证了我们不是"天阉"！如果我们是一个乐观主义者，我的根据就是这一点，我们能战，我们渴望一战而以得到一战为至上的愉快。至于胜利，那是多么泄气的事，胜利到了手，不是搏斗的愉快也得终止，"快刀"又得"生黄锈"了吗？还好，还好，四千年的文化，没有把我们都变成"白脸斯文人"！

民国二十八年三月五日闻一多序

闻一多，原名闻家骅，字友三。1912 年考入清华预备学校，1922 年赴美留学，1925 年归国先后任教于北京艺专、武汉大学、青岛大学、清华大学。1937 年抗战爆发随清华南迁，曾任学校湘黔滇旅行团指导教师。1946 年 7 月 15 日主持《民主周刊》记者招待会后遭特务枪杀身亡。他是五四运动之后著名的诗人、文学家、杰出的学者。

弁 言

　　我这次搜集民间歌谣，不是效颦古人"采风"，以为风雅；也没有政治家"观民俗，知厚薄"的堂皇理论；更没有著书立说，藏诸名山，遗之后人的野心。只是好奇好玩的心理，及政府学校给予的良好机会，促成了这件事。

　　西南联大师生组织的湘黔滇步行团，自长沙步行至昆明，经过三个省会，二十七个县城，大小村落以千计。为期六十八日，我们徒步荒远的精神，颇能与明代的徐霞客媲美，沿途笔者采集了二千多首歌谣，当时并没有出版行世的打算。后来许多联大师友对于这些材料，甚感兴趣，竞相索观。有的过誉："这是现代的三百篇"，有的说："这是研究西南民俗及方音的良好资料"。于是在许多师友的百般鼓励及热心指导下，费了半年的时光，才写成了这本小书。书成，内心的确有些沾沾自喜，因为这本书与普通著述不同，不是用脑力想出来的，而是跋涉数千里的收集，是费尽唇舌访问的代价。再者写成这本书的机缘，也是多方面凑巧：国家不抗战，北大清华南开，绝不会并为西南联大而迁昆明；学校不南迁，笔者也绝不能在蛮荒的山国里，步行数千里，所以这本书不仅足以作个人长途旅行的纪念，也是国难期间，三校流亡南迁的文献之一。诚如黄子坚[4]院长所说："可以供语言学者研究方音；社会学者可以研究文化；文学家可以研究民歌的格局和情调"。如此说来，将这本小册子公诸社会，还是有意义的。

最后我要谢谢几位师长和好友：黄子坚、闻一多、朱自清、杨振声[5]、许骏斋[6]五位师长，除了多方指导外，或赐序文，或题书面，马学良[7]先生是精通语音学的，在"歌谣区域的方音与国音之比较"一章中，颇多指正，阴法鲁[8]、逯钦立[9]、马芳若[10]、马芳藻诸先生于百忙中热心赞助。此外东方书社的经理王畹乡先生，关于此书付梓，颇多鼓励。对于以上诸师友，当深致谢意。

民国三十五年二月二十五日，
兆吉识于重庆沙坪坝津南村。

---

[4] 即黄钰生，字子坚，著名教育家、图书馆学家。时任"湘黔滇旅行团"实际负责人"二黄团长"之一。

[5] 杨振声，字今甫、金甫，著名教育家、教授。1938 年任西南联大常委会委员兼秘书长、中文系教授，后任联大叙永分校主任。

[6] 即许维遹，号骏斋，著名语言文字学家、古籍研究家。毕业于北平大学中文系，任教清华。后随校迁长沙、昆明，曾任"湘黔滇旅行团"指导教师。

[7] 马学良，字蜀原，著名语言学家。时为北大文科研究所研究生。

[8] 阴法鲁，著名古典文献专家，北大教授。时为北大文科研究所研究生。

[9] 逯钦立，著名古文献、古代文学史专家。曾任中研院史语所研究员，时为北大文科研究所研究生。

[10] 马芳若，"湘黔滇旅行团"成员之一，当时是北大中文系大三学生。

〔编者按〕刘兆吉先生的《西南采风录》成书于 1946 年，距今已逾七十多年了。抚今追昔，现实和历史的巨大差异，使很多人、尤其是年轻人，对那个时代几乎淡薄到无知和不理解。幸而有这本书为我们留下了当年的真实记录，让我们得以接触那个活生生的民间社会和那些生活在底层的人们思想行为的纷繁复杂。是的，如果按照现代的标准，这些歌谣所反映的现实确实是我们难以想象、难以接受的。然而惟其如此，这份历史样本所能提供给我们进行分析研究的珍贵性才尤为凸显。同时，它也深刻反映了西南联大老师、学子们对祖国、民族的拳拳之心。在那战火纷飞、艰难困苦的长途逆旅，他们时刻不忘学人本色，不忘教育救国。尽管本书存在这种那种可挑剔之处，正如朱、黄、闻序所肯定的，这是一本极有价值的书。这正是此次重新出版此书的初衷。

西南采风的经过

　　命名的解释——吾临时大学（迁昆明后改名国立西南联合大学）旅行团，自长沙到昆明，一路的足迹是在我国西南的湘、黔、滇三省之内，故谓之"西南"。所谓"采风"者，朱子解释《国风》道："国者诸侯所封之域，而风者民俗歌谣之诗也……"那么在湘、黔、滇三省的旅程中，采集的民间歌谣，名谓"西南采风"，大概不至名不正罢！至于加上一个"录"字，是因为搜集民歌这样工作，在笔者还是第一次尝试，虽然具着浓厚的兴趣，但素常没有深刻的研究，采集来了也没有特殊的发现和见解，只好牢牢实实地集而"录"之。

　　采集民歌的动机——采集民歌的蓄意已经很久了，我记得在中学读书的时候，就特别喜欢浅显的诗歌，尤其是民间歌谣。不过当时的意思很单纯，只是为的浅显有韵，易于了解记忆，并且念起来也顺口悦耳，如："哭一声，叫一声，儿的声音娘惯听，为何娘不应！"听一次便能会意背诵了。不但如此，这样的诗歌，描写得很逼真动人。民间所流行的歌谣都具着这种特点，因为他们不是咬文嚼字的文人，惯作无病呻吟或"为赋新词强说愁"的勾当，故意从字汇检些生涩的字来组成难懂的诗文。民间歌谣的作者，不必识字，只要有丰富的情感，受了外界的刺激，他的情感冲动于心，无论是喜怒哀乐都要发泄出来，这种真情的流露，有时即成为极美妙的民歌，惯于雕琢字句的文人也许难能。所谓："情动于中，而形于言；言之不足，故嗟叹之、嗟叹之不足，故咏歌之……"所以无论农妇野老，当他们喜怒哀乐的情感奔放出来的时候，亦可成就好的诗歌，如古时两位粗野的英雄——汉高、项羽。在情感激动的时候，也可以唱出极悲壮哀惋的《大风歌》及《垓下歌》来；所以我以前便相信好的诗歌，不必尽在唐诗宋诗及历代的诗集里去找。陇头田畔村妇野老的口中，一样的有绝妙的诗歌，由这个初步的信念，采集民歌的兴头，便因之萌芽了。

再者古代诗文中，如《诗》中"国风"及"雅"的一部分，都是古时的民歌。就是《楚辞》，现在也有许多人相信：屈原因楚国俗歌而作《九歌》，那么《九歌》的本体也是楚国的民歌了。又据许多学者的考究，谓《胡笳十八拍》《子夜歌》它的原本，多半也是民歌，这更可以看出民歌在文学上的价值了。由此可以联想到：古人有丰富的情感，今人亦有之；古时民间能吟咏出幽美哀惋诗歌来，今人的情感聪慧既不减于古人，现在的民间自然也会产生出很好的歌谣来。古人既有采风集录保存的举动，今人哪好任这些有价值的民歌自生自灭呢？不错，现在也有少数人已经注意到这个问题，但所采集的真是沧海一粟，尤其是西南诸省，因为交通阻塞，能深入其境，亲自作这番"采风"工作的，简直寥如晨星。所以关于民歌的集子虽然有几种，而记载西南几省——尤其是黔、滇——民歌的，可说是太少了，这实在是一种憾事。

自去年平津沦陷敌手，学校南迁，便流亡到南方，途中常想一种苦中作乐的工作，也就是要实现以前的志趣，计划沿途考察些民间歌谣，作为研究风俗民情的材料。只因自津至湘，一路非乘车即乘船，途中耽搁的日子很少，没有机会与沿途各地的民众接近，结果经过了数千里的旅程，而毫无所得。

机会的到来——吾临时大学（北大、清华、南开三校联合而成）在长沙成立不久，又感受到敌机的威胁，学校为了更大的计划和使命，迁往昆明，湘、黔、滇旅行团就因此产生了。大家即不愿空此一行，所以加入旅行团的教授和同学，便成立了各种沿途考察的组织，民间歌谣组是其中之一。由闻一多先生指导。笔者恰巧被指定担任这门工作。

由长沙至昆明，三千五百华里的徒步旅行，路过的大小城池近三十个，所过村镇不可胜计，为期两月余，沿途与民众接近的机会很多。以前既有采集民歌的志趣，当然不肯辜负了这个良好的机会。

个人采风的方法——以往既未从事过这种工作，所以谈不上经验，一切的方法都是很幼稚的，简直可说是由瞎摸索中得来，有的是收到了相当的效果，有的是尝了闭门羹。现在举出这几种方法来，供献给喜欢这种工作的人们，并请更正批评补充，指示出一条更好的途经，免得以后费力多而收获少。今将个人采集歌谣的方法，略述如下：

a、田畔牧场茶馆街头的访问——这种访问的对象，多半是农夫牧童。

b、沿途中小学民众教育馆、教育局及其他文化机关的访问，或请其代为采集。

c、注意街头墙垣庙壁上的涂写——中国人无论老幼文俗，都犯着随意涂抹墙壁的毛病，若不信，请你随时留意街头庙宇，或有名胜的地方，满墙上都有歪歪斜斜大大小小的字句。有的是儿童的泄愤，如"张小三是个大王八"，有的即所谓浪漫名士之流，所题的歪诗，有时也会发现很好的山歌谚谣，也可以看到"天皇皇、地皇皇，我家有个夜哭郎；过路君子念三遍，一睡直到大天光。"也许是"天青地绿，小儿夜哭，君子念读，睡到日出"等等的黄纸条。也有是骂地方官、区长、村长的歪诗谜语。总而言之，街头庙壁上的涂鸦，也可以找到有价值的资料。

d、搜集当地印行的歌谣及抄本——这种小册子是有学识的人不值一看的东西，我记得在湘西桃源买了本茶山歌，一位朋友不知我的用意，认为低级兴趣，然这些小册子对于粗通文字的民众，在精神方面却是极好的食粮。因为文字浅显，音调和谐简单，易懂易唱，价值又很便宜，只要四五文钱，便可买一本，即是很贫苦的民众，也很容易担负这笔消费。再者这种歌本的内容，多半是秧歌茶歌，或是描写天灾人祸民众所受的疾苦，也有是节妇烈夫神奇古怪的故事，都极合民众的口味；不然，书店老板绝不会大批地印行，做些亏本的生意。在常德一家印行歌谣册子的书店中，据其老板言：如梁祝同窗、佳人思节（春）等小册子，每年可销到三万册，可见流行的普遍了。除了印行的小册子之外，还有些农民在工作之暇，收集了许多山歌小曲，集录在一块。以上所说的印本抄本，当然有许许多多的别字及土话，因为这是民众的作品，古陋的印刷，当然不像文人的写作集录，精致印刷，哪里谈得上文雅正确，但它的价值就在这里，因为由其中的土话别字及纯朴的描写，可以窥探出一部分的方言及一地的风尚人情来。

遭受的困难及引起的误会——世上的一切事情，是不会完全顺利的，多多少少都要受点挫折，不过绝对没有想到采集民歌，也有困难。按平时的揣想，在被访问的人，不会就说不会，谁也没有权力来强人所难。会就告诉我们，在采访者既无恶意，在被采访者也毫无亏吃，当然不会发生什么问题了。不过事实上竟遇到以下困难：

a、言语不通——我国领土广大，交通不便，各省言语差异很大，尤其北方人初到南方来，时时会感到言语不通的困难。当我采集民歌的工作开始时，第一步便受到这种痛苦，因为民歌童谣不像载诸书册的诗词，它是村妇野老以当地土语吟咏出来的，听他们歌唱也很悦耳，但有时不懂歌的意思，要把歌词记下来，而没有相当的字能恰巧符合它的音意。求他们把歌词写出来更不可能。往往为了仅仅四五句的短歌，费了不少的话和时间。还有一点也是因为语言不通而引起的困难。一般老守乡里又没受过教育的乡民，逢着异言异服的外乡人，生疏得很，即便好心好意和和气气地请他们告诉几首歌谣，也会引起他们的怀疑。虽再三地解释他始终不肯尽量地告及，这也是由于自己的经验不够，不能洞悉民众的心理，以致在湘西碰了不少这样的钉子。

b、假道学的是闭门羹——我记得是在沅陵的一个小学里，该校的先生，是一位四十来岁的学究，当我把来意告诉他，并问该校有没有来自田间的学生（据我一路访问的经验，生长在城市里的学生，多不会民歌），起初他似乎很乐意帮忙，立刻召集了十数个年龄比较大些的儿童。我便让他们唱几首当地的歌谣或用笔写出来，他们由那笑眯眯的脸上表示会意了。没想到这位先生忽然对我说："他们都能写字，我领他们到课堂上去写，小学生在生人面前是不好意思的，请少待，等他们写好了我就交把你。"

不多时这位先生送来了几张纸片，上面写的却是"义勇军进行曲""抗日歌""锄头舞"一类的歌曲。

"这哪是本地的民歌呢？这是全国流行的歌曲，我刚才再三声明要采集贵处的民间歌谣。"我还怕他不知民歌的价值，以为粗俗之词，不堪为外乡人知道，所以又说明民歌童谣虽然是农人的土歌也是很有价值的民间文学。至于这类的抗日歌曲，到处都有，并且自己也会唱，同时又请求他允许我直接对学生访问。这时他带着很刁滑的样子说："我们这里根本没有什么山歌民谣，此地人民很纯朴，没有这种淫词。本乡人民富于国家观念，民族思想，自抗战以来，无论学生农民男女老幼，都会唱抗日的歌曲，这就是本地的山歌民谣。至于伤风败俗的卑陋之歌谣，敝处没有，所以本校儿童是不会的。"其实完全是这位三家村的先生做梗，并且那些纸片上模模糊糊的有"桔子树上开白花，白花丛中有人家……"，又有"月亮亮，月亮亮……"这明明是山歌童谣的句子，而被他们的先生涂去了，而又强迫他们写抗日歌曲，假充本地的歌谣。这样假道学的闭门羹，也遇着数次。他们挡驾的方法虽不尽同，但我揣想他们的出发点却是一致的。以个人的观察，这些人都读过四书，自认为饱学而深经世故的人，其实他们是一知半解，固执不化。他们那封建的头脑，以为山歌童谣是粗鄙浪漫之词，更以为民歌当中的情歌，淫乱不雅，若被外乡人知道了，恐怕要讥笑他们的民风不佳。这般人的成见很深，枉费许多唇舌，也难转移他的观念。一路尝了他们不少的闭门羹，后来遇到类似这样的人，便不耐烦再向他们问津了。也许因此失掉了不少的机会。

c、在旧礼教束缚之下，不易于妇女口中访问歌谣——儿时便有一种经验，有许多歌谣是从祖母、母亲、姐姐口中学来的，同时感到祖父、爸爸、哥哥记得的歌谣，没有她们那样多，我想大家都有这种感觉。刘经庵的《歌谣与妇女》的绪论中说："歌谣是民众文艺极好的材料，但这样的材料是谁造成的？据作者观察，多半由于妇女们造成的……"我认为这话有相当的道理。就个人所采到的歌谣中，也是许多是妇女的口气，所以采集民歌这个工作，只是访问男子是不够的，因为还有许多很好的歌谣被妇女记忆着，吟咏着，但在旧礼教的束缚之下，虽然有这样的打算，而没有这样的勇气，眼巴巴地走完了三千五百多华里。这种念头也无时无刻不在脑子盘旋，心有余而力不足，丢掉了千千百百的机会，因为文化越不开通的地方，男女的关系越隔膜。一般妇女乍逢我们这些异言异服的外乡人，简直像怪物一样地看待。也许从前过境的军队已给她们以一种坏印象，我们即有菩萨一般的心肠，但一看我们着的军服，伊们即敬鬼神而远之了。要向伊们口中调查歌谣哪怕好心也成了恶意，也许会加给调戏妇女的罪名，所以胆怯的我，始终未敢尝试，这也是认为遗憾的！假设女性做这种工作，或者比较方便些。

歌谣区域的方音与国音之比较

民间的歌谣，大部是反映当地人民生活的真相。为人容易记诵和听起来使人悦耳起见，往往就各地的方音，配成一种和谐的音调，歌唱起来才会音韵铿锵，和谐入耳。这次采录民歌区域的方音，和官话没有多大差异，只是声母和韵母稍有不同。在声母方面，我在下面的表里已经说明跟国音不同之点，这里无须赘言。至于韵母方面，除了炉山方音把ㄣ读成ㄥ外，其余都是ㄥ读成ㄣ。读者认清了这一点，再读这些民歌，才能音和韵协，看出每首歌谣生动的神情来。

表里只举了七县声韵概况，其余几县大致相同，其微小的差异，和这些民歌没有什么关系，所以略而不论。湘西几县民歌押韵的情况和贵州各县相同，如桃源"柳荫记全本梁祝同窗"中：

儿要攻五经	哪管远和近
怕的女儿有二心	对天把誓明
杭州攻书有私情	永不回家门

这里"经"和"近"押韵。"心"和"明"押韵。"情"和"门"押韵。都是同出一辙详见下表：

第一表　各地方音声母与国音之比较

国音 ＼ 各地方音（例字）	玉屏	炉山	贵阳	安顺	安南	盘县	平彝
ㄅ							
ㄆ							
ㄇ							
ㄈ	ㄏ虎				ㄏ胡		
ㄉ							
ㄊ							
ㄋ							
ㄌ		ㄋ凉	ㄋ凉	ㄋ凉	ㄋ凉	ㄋ凉	
ㄍ							
ㄎ							
兀		兀娘		兀硬			
ㄏ							
ㄐ		ㄓ九	ㄓ九		ㄗ精		
ㄑ		ㄔ欠	ㄔ欠		ㄘ清		
ㄒ		ㄕ下	ㄕ下		ㄙ星		
ㄓ	ㄗ桌	ㄗ桌邹	ㄗ精豪	ㄐ鸡		ㄐ鸡	ㄗ精
ㄔ	ㄘ差	ㄘ差床	ㄘ清趣	ㄑ强		ㄑ强	ㄘ清
ㄕ	ㄙ山	ㄙ山霜	ㄙ厢絮	ㄒ下		ㄒ下	ㄙ先
ㄖ		ㄗ人	ㄗ人	ㄗ人	ㄗ人	ㄗ人	ㄗ人
ㄗ	ㄓ精	ㄓ精走	ㄓ周	ㄓ支	ㄓ炸	ㄓ炸	ㄓ炸
ㄘ	ㄔ清	ㄔ清粗	ㄔ初	ㄔ齿	ㄔ巢	ㄔ巢	ㄔ巢
ㄙ	ㄕ厢	ㄕ厢絮	ㄕ绍	ㄕ师	山	山	山

第二表　各地方音韵母与国音之比较

各地方音 ＼ 国音（例字）	ㄩㄝ	ㄩㄥ	ㄩㄤ	ㄩㄣ	ㄩㄢ	ㄨㄥ	ㄨㄤ	ㄨㄣ	ㄨㄢ	ㄧㄥ	ㄧㄤ	ㄧㄣ	ㄥ	ㄤ	ㄣ	ㄢ	ㄩ	ㄨ	ㄧ
玉屏		ㄩㄣ庸				ㄨㄣ空				ㄧㄣ京			ㄣ生						
炉山				ㄐㄩㄣ军				ㄨㄣ坤				ㄧㄣ邻			ㄣ根				
贵阳	ㄧㄝ月	ㄩㄣ勞				ㄨㄣ重				ㄧㄣ映			ㄣ更				ㄧ许		
安顺		同上				同上				同上			同上				同上		
安南																	同上		
盘县																	同上		
平彝																	同上		

上表是说明该系方音声母和韵母跟国音不同的大概情形，不过有几点要略加说明：

（1）该系ㄓㄔㄕ的音值并不和国音一样，都读作混合舌叶阻，和山东登州一带读"直""尺""识"的情形一样，不过两唇更圆一点。因为印刷方便起见，并不格外分出一套。表中各县ㄓㄔㄕ的音值，都当读作混合舌叶阻。

（2）ㄖ母字在这一系语言里的音值，不是和ㄗ的音值全同，它是在ㄖㄗ之间的一个舌尖摩擦音，舌尖前伸的程度几乎碰着牙齿，所以冷一听来，很容易听成ㄗ音。

（3）开首以ㄩ母声母的字，都读成丨母。如雨鱼袁等字（在这系方言里，袁阎二姓很难分别）。

（4）ㄏ母在ㄨ介音前，因为受合口的影响，读作ㄈ母，有一部分方言，这两类混换ㄈ母在ㄨ介音前，又读成ㄏ母，如湖南西南部读"胡匪"二字为"ㄈㄨㄏㄨㄟ"。

（5）ㄐㄑㄒ跟北平的舌面前破裂摩擦音，稍微不同，几乎是舌面中和硬颚相阻而成的音。

兹再将各县方音的特点分述如下：

一、炉山

ㄓㄔㄕ在开合口前读ㄗㄘㄙ，齐撮二呼则仍读混合舌叶阻，ㄗㄘㄙ除了齐齿合口二呼读ㄓㄔㄕ，其余还读原音。

二、贵阳

ㄐㄑㄒ读ㄓㄔㄕ，但是带鼻收声的字，如ㄣㄥㄤ则不变。ㄓㄔㄕ除了有鼻收声的字不变外，其余都读ㄗㄘㄙ，ㄗㄘㄙ在鼻声韵前，和齐撮二呼前读ㄓㄔㄕ，其余仍读ㄗㄘㄙ。

三、安顺

1、ㄋ母读成ㄋㄌ之间的音，ㄌ母有几个入声字读成ㄋ，其余的字有接近ㄋ音的倾向。

2、ㄓㄔㄕ除了齐齿呼读ㄓㄔㄕ，其余都读ㄗㄘㄙ。

3、ㄗㄘㄙ在齐齿和鼻收声的前面，读ㄐㄑㄒ。

4、ㄇ音读起来两唇关闭较紧，听起来很容易跟ㄅ混淆。

四、安南

1、ㄓㄔㄕ除了合口呼读ㄓㄔㄕ，余读ㄗㄘㄙ。

2、ㄗㄘㄙ齐撮呼读ㄐㄑㄒ。

五、盘县

1、ㄋ母在盘县不读ㄌ，仍读原音。

2、ㄐㄑㄒ读音近似ㄓㄔㄕ。

3、ㄗㄘㄙ齐齿呼读ㄓㄔㄕ。

六、平彝

1、ㄓㄔㄕ读音有点像ㄗㄘㄙ。

2、ㄗㄘㄙ齐齿呼读ㄓㄔㄕ。

七、玉屏ㄙ读ㄣ。

炉山ㄢ读ㄧㄌ，ㄣ读ㄙ。

贵阳ㄧㄥ读ㄧㄣ，ㄩㄝ读ㄧㄝ。

贵阳以西撮口呼变作齐齿呼，即ㄩ变ㄧ。

歌谣的分类

情 歌

这次所采集的歌谣，大部是描写男女爱情的，头脑陈腐的人，听说什么情歌，便以为是不正经的淫词，有伤风化，这完全是谬论。打开历代的诗词来看，有很多是关于男女爱情的描写：《诗经》中的国风，还不是有许多绝妙的情歌么？什么"文王之化，后妃之德，"那都是牵强附会之说。例如《邶风静女》"静女其姝，俟我于城隅；爱而不见，骚首踟蹰……"。又如卫风、木瓜、秦风、蒹葭……等，明明都是朱晦菴所谓："男女相与歌咏，各言其情者之词"，谁能说这不是情诗呢？总之，男女的爱情是神圣的，爱情是关不住的，它若从声调言语发泄出来的，便是情歌。如《诗大序》中所谓："情动于中，而形于言；言之不足，故嗟叹之；嗟叹之不足，故咏歌之"了。情歌的用意：一方面表示男女互相爱慕的情怀，一方为了打动对方的爱怜。至于情歌的发生，多在男女情感最兴奋最热烈的时候，一种自然的流露。因为具着丰富真实的情感，往往能动人心深处。心满意足的爱，便成为适意愉快的诗歌；情场失意时，便充满了血泪的悲伤，所以情歌在文艺上有很大的价值，因为它的含意是真挚的、热烈的，都是为情感所激动而自然流露出来的。以下的情歌，有的字句虽然粗俗得很，似乎有伤大雅；笔者以为惟其如此，才显得坦率真实，这才是民众的真面目。兹将沿途所采集情歌，按地域分录于下。

一 湘益阳

隔河望见牡丹开，

一朵鲜花不过来；

只望老天快下雨，

风吹牡丹过河来。

二 同上

日头落土又落西，

黄瓜棚上落竹鸡；

黄瓜好吃蒂子苦，

豆角好吃一包渣。

娇莲爱我我爱她，

娇莲爱我年纪小，

我爱娇莲一枝花。

三 湘常德

一把扇子两面红，

想送姐姐扇蚊虫；

姐姐莫嫌礼物少，

全副思想在扇中。

四 同上

结识私情结识恩，

做双快鞋送郎君；

薄薄底子密密缝，

情哥穿着脚头轻。

五　湘桃源

隔河望见嫂穿黄，
摇摇摆摆过堰塘；
好口堰塘没有水
好个情嫂没有郎。

六　同上

隔河望见嫂穿蓝，
怀抱琵琶马上弹；
心想与你弹两调，
隔山容易隔水难。

七　同上

不幸嫁个读书郎，
闺中夜夜守空房，
不如嫁个耕田郎，
卿卿我我同喝汤。

八　同上

艳容女子一枝花，
不知此女属谁家；
何不嫁给读书子，
免得田间送饭茶。

九　同上

相公不必把口夸，
几个读书享荣华；
我夫虽是农家子，
早在田间暮在家。

十　同上　送郎歌

送郎送到窗户边，
打开窗户望青天，

郎走莫变天；
一呀呀多喊喊，
郎走莫变天。

送郎送到五里坡，
再送五里不为多，
情妹送情哥；
一呀呀多喊喊，
情妹送情哥。

送郎送到十里亭，
十里亭前打转身，
越送越伤心，
一呀呀多喊喊，
越送越伤心。
路上有人来盘问，
你说我是你的妻，
莫说相好的！

送郎送到大河边，
叫声情哥快快走，
洋船要开头，
一呀呀多喊喊，
洋船要开头。
等到洋船开水中，
小妹一时打转身，
难舍又难分；
一呀呀多喊喊，
难舍又难分。

十一 湘沅陵

> 大雪纷纷落，
>
> 拜上丈人婆；
>
> 天气又寒冷，
>
> 快送老婆回来暖和脚。

十二 同上

> 初一十五跑人家，
>
> 一跑跑到丈人家
>
> 大舅子扯二舅子拉，
>
> 拉拉扯扯吃杯茶。
>
> 吃了粗茶换细茶，
>
> 十二碟子摆梅花。
>
> 风吹门帘瞧见她，
>
> 红头绳紧紧扎，
>
> 金扁簪拦头架，
>
> 金耳环二百挂，
>
> 金镯子四两八，
>
> 金戒指红指甲，
>
> 缎子背心绣菊花，
>
> 红绸裙子牡丹花，
>
> 红绸鞋满面花。
>
> 回家拜上爹和妈，
>
> 择个日子去娶她；
>
> 再隔三年不娶她，
>
> 老了莲蓬谢了花。

十三 湘晃县

> 正月阳春二月天，
>
> 风吹麻叶嫩嫣嫣；

只见情姐打猪菜，

不见情姐用猪钱。

九冬腊月归了丈夫手，

白把情姐累一年。

十四　同上

月亮一出两头尖，

你为何住在河那边？

要想看你无船渡，

写信谈心无邮传，

你看这个讨嫌不讨嫌！

十五　同上

记得那里分离来，

油油辣辣不开怀；

要带口信无人带，

红纸修书无人差。

十六　同上

远处唱歌听好音，

近处唱歌隔一身；

愿郎为土妹为水，

和来捏做一个人。

十七　黔黄平

娘家门口有个塘，

二龙斗宝在中央；

郎们只望龙抢宝，

娘只喜欢有钱郎。

十八　同上

高山打锣应得宽，

读书之人想做官；

> 读书之人想官做，
> 贪花之人想鞋穿。

十九　同上

> 昨晚一梦梦得糟，
> 梦见后园花树倒；
> 花叶倒地经拖拉，
> 只要小郎命根牢。

二十　同上

> 勾腰勾背是柘桑，
> 抽抽条条是白杨；
> 摇扇打伞是情急，
> 半路打胎是小郎。

二十一　黔麻江

> "半夜三更出太阳，
> 年成不好哥吃粮；"
> "我去前面有官做，
> 花花轿子来抬娘。"
> *"吃粮"指当兵而言。[11]

二十二　同上

> 唱首山歌抖一抖，
> 望妹抬头不抬头；
> 你心有意抬头看，
> 无心无意把头勾。

二十三　同上

> 口合口来心合心，
> 斗合斗来升合升；

---

[11] 书中歌谣注释为作者注，均用星号（*）标示，下文不再另加说明。

不要斗大升子小，

不要郎真妹不真。

二十四　同上

爬墙不了又爬坡，

过河不了又过河；

草鞋走烂三五对，

不得成双可奈何。

二十五　同上

半夜三更在外游，

人人骂哥强盗头；

人人骂哥为哪样，

只为情妹在外游。

＊我们的旅行团并未到麻江县，以上五首山歌，是在黄平中学读书的麻江籍学生告诉我的，后面有许多歌谣也是这样采集的。

二十六　黔黄平

说起回家就回家，

不准那人再采花；

那人回家那人好，

那人采花天亡他。

二十七　黔重安江

高坡头上栽冬青，

冬青长大像盖灯；

冬青夜夜像把伞，

情姐很像观世音。

观音菩萨三姐妹，

大姐修来招驸马，

> 二姐修来守皇印。
>
> 才有三姐不会修，
> 修得南海观世音。

二十八　黔炉山

> 远远望娘身穿蓝，
> 一对眉毛弯又弯；
> 十个指头嫩如笋，
> 盖过从前穆桂英。

> 远远望娘身穿青，
> 一对眉毛青又青；
> 十个指头如嫩笋，
> 盖过从前梁山伯。

二十九　同上

> 前十三年恩外恩，
> 隔山隔水喊得应；
> 这时姐们反意了，
> 隔张白纸喊不应。

三十　同上

> 姐家房子起得高，
> 挂对二胡挂对箫。
> 哪时得姐同家坐，
> 姐拉二胡哥吹箫。
> 姐家房子起得平，
> 挂对二胡挂对琴；
> 哪时得姐同家坐，
> 姐拉二胡哥弹琴。

三十一　同上

> 天上才有紫微星，
> 地下才有龙海深；
> 家头才有明亮灯，
> 世上才有姐聪明。

三十二　同上

> 月亮出来照半崖，
> 金花银花掉下来；
> 金花银花我不爱，
> 才爱姐们好人才。

三十三　同上

> 天上起云云色青，
> 哥们撑船过京城；
> 姐们有话早早讲，
> 船头落浪浪上升。

三十四　同上

> 过来娘，过来娘——
> 过来同哥坐这厢；
> 过来同哥坐这点，
> 哥们有话要商量。

三十五　同上

> 大路堂堂石板镶，
> 石板坡上写文章；
> 写个"常"字常来往，
> 写个"不"字不丢娘。

三十六　同上

> 黑了天，黑了天，
> 黑了阳鹊在树尖；

黑了阳鹊在树上，

黑了小郎在路边。

三十七 同上

老远望娘像枝花，

近望看见一脸麻；

六月天气涨大水，

借你虾耙我捞虾。

三十八 同上

不会唱歌不要来，

请哥在家打草鞋；

一对草鞋三碗米，

连米连糠够你"腮"。

＊"腮"是当地的土音，即吃的意思。

三十九 同上

十七十八花正青，

二十七八花登床；

三十六七花老了，

抬水浇花花靡青。

四十 同上

天上下雨地下滑，

打湿后园桂花芽；

前时谈话话合话，

这时谈话话相差。

四十一 同上

千里迢迢问路行，

靡为金来靡为银；

> 靡为金银八宝贝，
> 为朵鲜花哥才行。
>
> 千里迢迢问路来，
> 靡为金来靡为银；
> 靡为金银八宝贝，
> 为朵鲜花哥才来。

四十二 同上

> 来了娘，来了娘，
> 江边来了龙一双；
> 江边来了龙一对，
> 后园来了美貌娘。

四十三 同上

> 风吹茶枝摆茶芽，
> 望姐在家靡在家；
> 姐们在家出来望，
> 哥在花园来等她。

四十四 同上

> 抬头望云云跑东，
> 马跑经街步步松，
> 几时得姐同家坐，
> 好比江边一对龙。

四十五 同上

> 不得梅吃说梅香，
> 得了梅吃说梅伤；
> 不得同家你说好，
> 得了梅吃你说饱。

四十六 同上

正月连表正月正，
人来人往闹成成；
几时陪得人客转，
一夜陪表到五更。

二月连表二月二，
青草盘芽尽地生；
哥是秧苗刚出土，
姐是芙蓉花正登。

三月连表三月三，
一时想到刀割肝；
咬破指头写血信，
写信容易带信难。

四月连表四月八，
喜鹊拾柴架树丫；
哥们连了许多心，
没有一个来成亲。

五月连表是端阳，
菖蒲美酒加雄黄；
劝表多吃雄黄酒，
后来有话好商量。

七月连表交了秋
得姐名字不能丢；

丢在高山长流水，

丢在黄河水倒流。

九月连表冷凄凄，

毛毛细雨打湿衣；

姐在家中向炭火，

哥在外面受苦凄。

*据所访问之土人言，此歌共十二节因歌者
遗忘数节，故未能并录。

四十七　同上

不会吸烟想烟香，

不会连表慢慢诳；

几时诳得表到手，

横切萝卜顺切姜，

四十八　同上

黑了天，黑了天，

心焦晚饭心焦菜；

心焦晚饭无人煮，

心焦水来无人抬。

四十九　同上

正月忙起二月来，

二月忙工砍生柴。

三月忙工下早种，

四月栽秧不得来。

五月有个五月五，

六月抬水灌花台。

七月有个七月半，

八月打米上金街。

九月有个九月九，
十月表家带信来。
冬月带信表去了，
腊月带信了一年；
这个情表心意好，
要唱山歌天天来。

五十　同上

高坡头上栽冬青，
冬青结果绿英英；
老鸦不吃冬青子，
小郎不玩后风情。

高坡头上栽豆葵，
千里万里折蔷薇；
千里万里折不到，
看错日子栽错葵。

高坡头上栽木瓜，
千里万里来寻花；
千里万里找不到，
看错日子栽错瓜。

五十一　同上

好久不逢我的娘，
心头扰乱如麻瓤；
此时得会表一眼，
好比明月会太阳。

五十二　同上

> 太阳落坡坡背崖，
> 蜜蜂绕绕望花台；
> 跑出后门拭眼泪，
> 日子渐渐烦恼来。

五十三　黔贵定

> 桃之夭夭花正开，
> 其叶蓁蓁畅襟怀；
> 之子于归归何处，
> 宜其家人待郎来。

五十四　同上

> 高坡割草盖凉房，
> 河中水草盖鱼梁；
> 三国英雄来下考，
> 任你调作哪一郎。

五十五　同上

> 山中无木不成林，
> 人间无伴不成群；
> 我的同伴就是你，
> 无你同伴不欢心。

五十六　同上

> 月光明亮也会阴，
> 下雨天气也会晴；
> 三岁小郎也会老，
> 玩耍一春算一春。

五十七 同上

自从那时离别后，

家中整日思念整日愁；

看到他人想到你，

人心隔肚不晓你想我否？

五十八 同上

江山崩败人逃走，

你去东来我去西；

父母心中舍得你，

我是朝朝暮暮思念在心头。

五十九 同上

姐儿快快把马转回程，

你们来在花园内，

为何只管笑来不开声？

请你从头一二唱我听。

六十 同上

隔河看到五洞桥，

黄花姑娘难远飘；

几是飘到黄花紫，

龙换过骨头凤换毛，

六十一 同上

吃了晚饭想回家，

听见黄风吹树丫；

听见黄风吹树枝，

吹得小郎不回家。

吃了晚饭想回程，

听见黄风吹树林；

听见黄风吹树林，

吹得小郎不回程。

六十二　同上

春来桃李多芬芳，

蜜蜂采蜜在花堂；

从来姐们靡错路，

然何错路到哥乡。

六十三　同上

一字难选姐的意，

二字难选姐的心，

三字难选张大姐，

四字难选穆桂英，

五字难选瓜子脸，

六字难选人上人，

七字难选不肥瘦，

八字难选好人品。

六十四　同上

天上星斗十二排，

天河让路等姐来；

天河为难我躭待，

快快打马往前行。

快快拉马往前行，

一心一意下凡尘。

六十五　同上

昨夜东风吼一声，

狂风吹我到花林；

因见红梅吞口水，

不见狗屎不恶心。

六十六　同上

> 大路长长石板平，
> 石板坡上写书文；
> 写个"常"字常来走，
> 写个"不"字不丢奴。

六十七　同上

> 太阳落坡四山阴，
> 黄龙起身四山奔，
> 阳鹊去了山冷淡，
> 我伴去了奴冷心。

六十八　黔贵阳

> 红旗绕绕要开差，
> 把妹抛在十字街；
> 要想和哥重相会，
> 除非半路开小差。

六十九　同上

> 想起想起心好寒，
> 走路走路脚打战；
> 脸上就如放火烧，
> 心头好比钻子钻。

七十　同上

> 想起这事心好焦，
> 走起路来脚打飘；
> 心头好比钻子钻，
> 脸上就如放火烧。

七十一　同上

> 小妹姓嗳——
> 爱上别人把哥抛；

爱上别人把哥丢，

养个娃娃着鬼捏。

七十二　同上

清晨早起去访郎，

打马新街进庙房；

大佛前面占三卦，

单死我的少年郎。

七十三　同上

送郎送到河东路，

你也哭来我也哭；

那赶驴儿的也哭，

问那赶驴儿的哭哪样？

你们俩下调情，

我的驴儿受了苦。

七十四　同上

那山高来没有这山高，

两下拉来构新桥；

你修桥来我修洞，

修起相思路一条。

七十五　同上

月亮出来像弯弓，

弯弯脚上挂灯笼；

风吹灯笼团团转，

郎心落在妹心头。

七十六　同上

杉木扁担颤悠悠，

挑担白米下扬州；

扬州爱我好白米，
我爱扬州好丫头。

七十七 同上

高坡头上栽冬青，
冬青结子绿茵茵；
老鸦不吃冬青子，
哥们不讨后婚亲。

七十八 同上

鸭子下河尾巴白，
情妹卖情我晓得；
头回爱上鸡贩子，
二回爱上赶马客。

七十九 同上

桂花生在贵石崖，
桂花要等贵人来；
桂花要等贵人到，
贵人不到花不开。

八十 同上

白布袜子青布鞋，
望哥穿去又穿来；
野草闲花休要采，
家中芙蓉正在开。

八十一 同上

隔河看见花一林，
花多叶少好爱人；
心想过河采朵戴，
船家不渡采花人。

八十二　同上

娘家门前有棵椿，
椿树发芽娘起身；
椿树发芽娘要嫁，
娘们起身郎要跟。

八十三　同上

白菜开花遍地黄，
正好当家就死郎；
丢下爹娘靠何处，
丢下儿女怎下场。
绩麻绩线房中坐，
灯盏搁在抽屉旁。
一对枕头像鸳鸯，
枕头高起三巴掌，
不怨爹来不怨娘，
只恨烧了断头香，
今生才得守空房。

八十四　同上

哥在高坡打石头，
妹在平地看黑牛；
石头打在黑牛背，
问妹抬头不抬头。

八十五　同上

十冬腊月去连娘，
大雪纷纷湿衣裳；
不受一翻寒澈骨，
哪得梅花刺鼻香。

八十六　同上

> 过上过下来吃茶，
> 哥在前街第二家；
> 门前有对石狮子，
> 后园有株马樱花。

八十七　同上

> 挑菜娘来挑菜娘，
> 家菜不如野菜香；
> 家菜吃了留半盌，
> 野菜吃得不留汤。

八十八　同上

> 老远望妹白漂漂，
> 好比广州白云苗；
> 恰似苏杭白纸扇，
> 何时得在手中摇。

八十九　同上

> 挑水扁担吊钩长，
> 两手拉住吊钩梁；
> 家头还有半缸水，
> 不是挑水是望郎。

九十　同上

> 劝你跟哥你不跟，
> 别人跟上你来争；
> 别人吃了头气酒，
> 你来挑水润花根。

九十一　同上

> 老远望妹穿身青，
> 细眉细眼像观音！

你是观音当堂坐，

哥是绣球滚上身。

九十二 同上

十七十八小么婆，

快长快大哥来说；

快长快大哥说去，

免在娘家受寂寞。

九十三 同上

老远望妹身穿红，

手头提起画眉笼；

问妹画眉卖不卖，

单卖画眉不卖笼。

九十四 同上

郎想妹来妹想郎，

二人想得脸皮黄；

十字街前宰猪卖，

郎割心肝妹割肠。

九十五 同上

好股凉水出岩脚，

太阳出来照不着；

郎变犀牛来吃水，

妹变鲤鱼来会合。

九十六 同上

大路平平石板镶，

大路旁边开染坊；

过路大娘脱件染，

新缸不染旧衣裳。

> 大路平平石板镶，
> 又栽萝卜又栽姜；
> 萝卜不比姜辣口，
> 家花不如野花香。

九十七 同上

> 斯文滔滔讨人厌，
> 庄稼粗汉爱煞人；
> 郎是庄稼老粗汉，
> 不是白脸假斯文。

九十八 同上

> 前年送郎栽株槐，
> 郎手折来妹手栽；
> 槐树年年枝叶长，
> 我郎一去不回来。

九十九 同上

> 粉团花儿红通通，
> 不能摘朵在怀中；
> 要想与他见见面，
> 除非二人在梦中。

一○○ 同上

> 小妹已到十八春，
> 遍脸泛出红茵茵；
> 请个媒人去打探，
> 他家不要好寒心。

一○一 同上

> 你也勤来我也勤，
> 二人同心土变金；

你要行船我发水，

你要下雨我布云。

一〇二　同上

一棵竹竿容易弯，

三缕绵纱拉断篮；

猛虎落在平原地，

不愁烦恼怕孤单。

一〇三　同上

前年送郎过河头，

河头滔滔日夜流；

我郎好像河中木，

抛奴一去不回头。

一〇四　同上

天上只有紫微星，

地下只有沙滩平；

家中只有明灯亮，

花园只有赛玉人。

一〇五　同上

送妹送到大桥头，

手把栏杆望水流；

我郎好像河中水，

离妹一去不回头。

一〇六　同上

爬坡陡来下坡平，

卖花不遇买花人；

洛阳桥上花似锦，

情哥来迟不遇春。

一〇七 同上

送妹送到大桥边，
离妹之时泪不干；
离妹之时心不放，
转来茶饭都不贪。

一〇八 同上

唱首山歌送妹听，
叫妹好好记在心；
出门走路得搭伴，
气来闷来得散心。

一〇九 同上

送妹送到茅草坡，
扯把茅草扎茅哥；
茅草割到哥的手，
哥不心多妹心多。

一一〇 同上

太阳落坡哥要回，
恐怕四山有人围；
恐怕四山人围住，
娘会腾云哥会飞。

一一一 同上

送妹送到茅草坪，
扯把茅草扎个人；
茅草扯破哥的手，
哥不心痛妹心痛。

一一二 同上

天上彩霞颜色鲜，
地下美女穿蓝衫；

> 不是我来夸奖你，
> 你家祖坟葬在风流山。

一一三　同上

> 许久没有这方来，
> 此方路上满草莱，
> 劈开草莱望里看，
> 一朵鲜花现出来。

一一四　同上

> 清清朗朗一霹雳，
> 隔河两岸起沙粒；
> 雷公不击多情汉，
> 单击旁人说是非。

一一五　同上

> 山歌好唱口难开，
> 鲜桃好吃树难栽；
> 秘密痛苦实难说，
> 鲜鱼好吃网难抬。

一一六　同上

> 叫我唱歌并不难，
> 恐怕唱来情姐嫌；
> 恐怕唱来情姐笑，
> 近也难来退也难。

一一七　同上

> 叫我开声我开声，
> 恐怕唱来不中听；
> 哪些唱来不如意，
> 望姐息怒让哥们。

一一八　黔清镇

十七十八小么婆，

哥们年轻不知觉；

言高语低得罪姐，

望姐宽让休记着。

一一九　同上

喊姐三声姐不应，

倒把情郎吓一惊；

干田螺丝错开口，

太阳落地慢陪情。

一二〇　同上

十七十八小情姐，

郎们年轻不谨慎；

唱来言语得罪姐，

望姐宽怀让哥们。

一二一　黔平坝

老远望姐像貂蝉，

你是哪家小爱媛？

你是哪家爱媛姐，

人又聪明嘴又甜。

一二二　同上

叫声情妹我的人，

人才盖过这朝人；

几时得妹为妻子，

死到黄泉也平心。

你是哪家小爱媛？

人才盖过这一山；

哪日得姐为妻子，
死在黄泉也心甘。

你是哪家小爱娇？
人才盖过这一朝；
人是哪家爱媛姐？
人又聪明嘴又习。

一二三 同上

一张桌子四个尖，
羊毫沾墨写书篇；
写个"常"字常来往，
写个"要"字要来连。

一张桌子四角方，
羊毫沾墨写文章；
写个"常"字常来往，
写个"不"字不丢娘。

一二四 同上

一棵竹子十二节，
一年想妹十二月；
不知情妹想不想，
把郎想得退颜色。

一二五 同上

新打锄头慢安钢，
二人坐地慢商量；
哪有一锄锄完草，
哪能心急即成双。

新打锄头口子宽，

二人坐地慢慢谈；

哪有一锄锄完草，

哪有一句说团圆。

一二六　同上

清早起来去看秧，

昨日露水今日霜；

愿意早收早下种，

真爱儿女早成双。

清早起来望明月，

望姐不来把脚跺；

望见别人当是你，

喊破喉咙不是的。

清早起来望晨星，

望姐不来把脚蹬；

望见别人说是你，

喊破喉咙不做声。

一二七　同上

跺一脚来恨一声，

可恨刁登贪花人；

从前说得那样好，

奈何反脸就无情。

＊"刁登"即顽皮的意思。

一二八　同上

清早起来去站街，

等姐等到日头歪；

东望西瞧无踪影，
大街不走小巷来。

清早起来倚门旁，
手拿丝线锁鞋帮；
左手拿鞋右手锁，
锁郎名字在中央。

清早起来郎过街，
头戴丝帕脚拖鞋；
姐问情哥为哪样，
昨夜花园得病来。

清起起来出门玩，
遇着鲜花在路边；
双手握住鲜花手，
只愿成双不愿单。

一二九　同上

好马不吃毛豆尖，
牡丹开花四月间；
家头妻子不如姐，
爱上情姐在那天！

好马不吃毛豆叶，
牡丹开花在四月；
家头妻子不如姐，
爱上情姐到哪月。

一三〇　同上

天上只有紫微星，
姐是山崖树一根；
二人都在悬崖上，
去早来晚要小心。

天上只有紫微星，
地下只有沙坝平；
世上只有姐心好，
世上只有姐多情。

天上只有紫微星，
地下只有沙坝长；
世上只有姐心好，
只有姐心待得郎。

一三一　同上

大田大坝栽蒲子，
蒲子枝细叶子稀；
选你人才世上有，
选妹心肠世间无。

一三二　同上

打开庙门去烧香，
一对佛爷亮光光；
在世同你难完愿，
死去同你共灵房。

一三三　同上

红铜壶中灌朱砂，
妹是园中牡丹花；

牡丹开花颜色好，
等哥讨朵带回家。

一三四 同上

冬青花黄叶子青，
场上买米斗合升；
场上才有升合斗，
世上只有姐合心。

一三五 同上

天鹅高飞又落坡，
找个树林垒大窝；
你是哪家嫦娥女，
不得成双心不乐。

一三六 同上

大红缎子剪刀裁，
芙蓉花开牡丹台；
想思不得同床睡，
爱死不得过门来。

大红缎子剪子夹，
芙蓉胜过牡丹花；
想死不得同床睡，
爱死不得做一家。

一三七 同上

石灰墙上雨淋淋，
粉白墙上画麒麟；
画龙画凤郎会画，
提笔难画我的人。

一三八 同上

> 打开庙门去燃蜡，
> 庙头菩萨叠菩萨；
> 菩萨还做非凡事，
> 哪有情郎不贪花，

> 打开庙门去燃灯，
> 罗汉伸手摸观音；
> 菩萨还做非凡事，
> 哪有情郎不贪心。

> 打开庙门去烧香，
> 罗汉观音说家常；
> 菩萨还做非凡事，
> 哪有情郎不贪娘。

> 打开庙门化纸钱，
> 罗汉观音说姻缘；
> 菩萨还做非凡事，
> 哪有情姐不贪玩。

一三九 同上

> 在生不玩是瘫包，
> 死后难过奈河桥；
> 阎王把住三关口，
> 问你花园玩几朝。

> 在生不玩是贪人，
> 死后难过奈河城；

阎王把住三关口，
问你花园玩几春。

在生不玩是贪婆，
死后难去见阎罗；
阎罗把住三关口，
问你花园玩几多。

在生不玩是贪娘，
死后难去见阎王；
阎王把住三关口，
问你花园走几场。

一四〇 同上

好块大田不栽糯，
好个大塘不喂鹅；
好个聪明花大姐，
怎不回郎一首歌。

好个大塘不栽藕，
好个花笼不喂鸠；
好个聪明花大姐，
哥不唱来眼不瞅。

一四一 同上

郎在郎乡在唱歌，
来在姐乡才现学；
来在姐乡不会唱，
山中打鱼是为何？

郎在郎乡不开腔，

来在姐乡进花场；

走进花场你不唱，

山中打鱼为哪行。

一四二　同上

我家卖盐饭菜香，

把心把意来把娘；

把心把意来把你，

恐怕情姐不嫁郎。

一四三　同上

大块大地不栽烟，

芦荻生在地中间；

好女不在花园耍，

枉自为人在世间。

好块大田不栽秧，

茅草生得满田庄；

好个女子不玩耍，

枉来世上走一场。

好棵包谷不打包，

好棵桃树不结桃；

好个情姐不玩耍，

枉来世间走一遭。

一四四　同上

吃烟不够自栽烟，

吃茶不够上茶山；

> 哪天晓得茶山路，
> 茶要吃来花要贪。
>
> 吃茶要吃雨前尖，
> 戴花要戴红牡丹；
> 好茶越吃越有味，
> 好花越戴越新鲜。

一四五　同上

> 姐家住在峨眉山，
> 坐得高来望得宽；
> 郎们是个单身汉，
> 不怕深水和高山。

一四六　同上

> 郎是远路远方郎，
> 来得慌来去得忙；
> 好花不得一月戴，
> 一去一来老了娘。

一四七　同上

> 月亮弯弯照九州，
> 家家欢乐惟我愁；
> 几时得姐同枕席，
> 再不流浪在外头。

一四八　同上

> 送姐送到大河边，
> 手把手来泪不干；
> 自从今日分别后，
> 十天难会姐一天。

一四九 同上

> 送姐三里到池边，
> 池边有对好鸳鸯；
> 只见鸳鸯成双对，
> 不见情姐来成双。

> 送妹七里梅花香，
> 妹在娘家不久长；
> 妹在娘家不长久，
> 郎来接你去成双。

> 送妹送出十个坡，
> 离娘家乡错不多；
> 离娘家乡不多远，
> 隔条江来隔条河。

一五〇 同上

> 想你想你真想你，
> 请个画匠来画你；
> 将你画在月琴上，
> 哥抱月琴如抱你。

一五一 同上

> 老远望妹白又白，
> 白皮细肉似白银；
> 是哪爹娘生下你？
> 盖过平坝一县人。

一五二 同上

> 一出大门就是坡，
> 你的八字合送哥；

把你八字来送我，

爹娘不许莫奈何。

＊"八字"即俗谓"星相命运"的意思，
北方亦有"生辰""八字"等说法。

一五三　同上

送妹之日是重阳，

重阳造酒酒味香；

劝妹吃杯重阳酒，

消消愁来润润肠。

一五四　同上

十指尖尖来采茶，

折坏芙蓉一枝花；

怪郎前世不会修，

今世不得做一家。

一五五　同上

等你等到夜三更，

等你不来我关门；

四两桐油点干了，

含着眼泪去吹灯。

一五六　黔安顺

清早起来开大门，

星光更比月亮明；

人人说我爱起早，

恐怕旁人说偷情。

一五七　同上

天上只有紫微星，

地下只有姐一人；

地下只有姐一个，
宽怀大量待情人。

一五八　同上

折张叶子搭过江，
妹生城来郎生乡；
一心接妹来我家，
免得一心挂几方。

折根茅草搭过沟，
妹坐城来郎坐舟；
一心搬妹来舟住，
免得一心挂两头。

一五九　同上

唱歌要唱对子歌，
要唱对子才好学；
要唱小心并好意，
不在花园得罪哥。

一六○　同上

姐家门前一枝槐，
槐枝槐芽掉下来；
风不吹槐槐不动，
妹不招手哥不来。

一六一　同上

细耳草鞋后根薄，
打对送哥去上学；
来到学堂打开书，
不看书文看双脚。

一六二 同上

> 好块大田栽错秧，
> 好个情姐嫁错郎；
> 栽错秧苗明年换，
> 哪个同你换小郎。

一六三 同上

> 清早起来开门窗，
> 星光月光在天上；
> 人人说我起得早，
> 心头怀念外头娘。

一六四 同上

> 水坎地上跌一跤，
> 捡得乱麻线一包；
> 捡得一包乱麻线，
> 结起相思路一条。

一六五 同上

> 吃烟要吃头二次，
> 戴花要戴朵朵齐；
> 好烟越吃越有味，
> 好花越戴越稀奇。

一六六 同上

> 太阳落坡坡背阴，
> 背坡有个钓鱼坑；
> 有心钓鱼用双线，
> 有心连妹要宽心。

一六七 同上

> 金竹林内砍钓竿，
> 闲着无事钓鱼玩；

河中鱼儿翻白肚，
不上金钩也枉然。

一六八　同上

久久不雨久久晴，
久久不见妹出门；
久久不见妹挑水，
花园不见妹来游。

久久下雨久久干，
久久不见妹上山；
久久不见妹挑水，
花园不见妹来玩。

久久不雨久久晴，
久久不见妹出门；
井边不见妹打水，
花园不见妹来行。

一六九　同上

山歌好唱口难开，
樱桃好吃树难栽；
白米好吃田难种，
鲜鱼好吃网难抬。

一七○　同上

高坡点荞荞杆空，
望妹一眼过一冬；
望妹一眼算一夏，
好似明月照凉风。

一七一　同上

> 郎不高来妹不低，
>
> 牙骨筷子一双齐；
>
> 郎是珍珠妹是宝，
>
> 珍珠配宝不差一。

一七二　同上

> 门口大田犁沟长，
>
> 石板盖房亮堂堂；
>
> 郎们一样都不想，
>
> 单想个支持家务娘。

一七三　同上

> 孟子会见梁惠王，
>
> 百家姓上只一张；
>
> 要学桃园三结义，
>
> 不学范郎丢孟姜。

一七四　同上

> 一条大路通云南，
>
> 去时容易转时难；
>
> 去时阳鹊才下蛋，
>
> 转时阳鹊叫满山。

> ＊这首歌描写得很好，和诗经中："昔我往矣，杨柳依依；今我来斯，雨雪霏霏"同样的凄惋动人。

一七五　同上

> 三棵杉树绕树巅，
>
> 金碗吃饭银碗添；

指甲弹破桂花碗，

重见情妹到哪天。

一七六　同上

蕨蕨开花四方围，

蜜蜂采蜜四面飞；

鲜花不送别人采，

情妹不来郎去背。

一七七　同上

久不唱歌忘记歌，

久不打鱼忘记河；

久不提笔忘记字，

久不见妹脸皮薄。

一七八　同上

远远望妹下山来，

青布围腰白布鞋；

十指尖尖如嫩笋，

盖过前朝祝英台。

一七九　同上

月亮弯弯照九州，

几家欢乐几家愁；

几家夫婿同罗帐，

几个飘零在外头。

一八〇　黔织金

太阳当头正当中，

么婆送饭到田中；

短工问说是么菜，

河中鲜鱼炒蒜葱。

一八一　同上

郎像天上白斑鸠，

妹是后园韭菜头；

吃不了来玩不尽，

叫哥怎样舍得丢。

一八二　同上

大田割谷小田堆，

一路杨花一路飞；

别人有钱买花戴，

哥们无钱看花飞。

一八三　同上

月亮出来两头弯，

两个头上挂金砖；

金砖挂在月亮上，

郎心挂在妹心肝。

一八四　黔永宁

星宿出来群罗群，

月亮出来一个人；

人人说是星宿好，

星宿不比月亮明。

星宿出来闪又闪，

月亮出来单打单；

人人说是星宿好，

星宿不比月亮欢。

一八五　同上

菜子开花黄又黄，

割了菜子撒高粱；

好吃不过高粱酒，

好玩不过少年郎。

一八六 同上

隔河哟——

情妹哟——

你留情来我留意，

留情留意等水消。

一八七 黔安南

好朵鲜花鲜又鲜，

可惜生在庙门边；

心想伸手讨朵戴，

又怕和尚去喊官。

＊据土人言：此歌中"鲜花"，系指尼姑而言。

一八八 同上

妹家门口挂纱灯，

郎走黑路妹担心；

一来担心年纪小，

二来担心一个人，

一八九 同上

白铜烟袋放明光，

郎要吃烟妹来装；

郎一口来妹一口，

口口吃得桂花香。

一九〇 同上

太阳一红要出来，

妹们脸红花正开；

心头想个娃娃抱，

妹不跟哥何处来。

一九一 同上

云南下来江西坡，

铁索链子盘江河，

鸡公背上吃晌午，

八轮桥上见郎哥。

＊"江西坡"是普安县之村镇。"铁索链子"
是指盘江铁索桥。"鸡公背"黔西山名。

一九二 同上

情妹挑水担钩长，

双手握住担钩梁；

房头还有半缸水，

不是挑水来望郎。

一九三 同上

姐家门口有棵桃，

开红结绿有人瞧；

再等三天花谢了，

花落人老没人瞧。

一九四 同上

姐家门口有棵梨，

整整齐齐生得密；

昨夜偷梨被姐骂，

今日偷姐不偷梨。

一九五 同上

骑马要骑四脚黄，

跟哥不跟读书郎；

三月四月不得会，

只等五月放端阳。

一九六　同上

　　梁山伯来祝英台，

　　二人恩爱丢不开；

　　夫妻要想成双对，

　　只等来世再投胎。

一九七　同上

　　一张桌子四角方，

　　手拿笔墨写文章；

　　写了文章看八字，

　　问妹成双不成双。

一九八　同上

　　山歌不唱忘去多，

　　大路不走野草多；

　　快刀不磨生黄锈，

　　胸膛不挺背腰驼。

一九九　同上

　　妹家门口一棚瓜，

　　问妹在家不在家；

　　妹若在家出来耍，

　　免得哥们走到家。

二〇〇　同上

　　送妹送到一层房，

　　一层之上是妹房；

　　送妹从我妹房过，

　　我妹正在打鞋帮。

　　送妹送到二层房，

　　二层之上是哥房；

哥哥嫂嫂坐一起，
好像鸳鸯在池塘。

送妹送到三层房，
三层房中住爹娘；
我怕爹娘看见我，
三步二步过中堂。

送妹送到四层房，
四层之上是弟房；
送妹从我弟房过，
弟弟年小作文章。

送妹送到五层房，
五层之上住丫头；
送你经过丫头房，
丫头正在洗衣裳。

送妹送到六层房，
六层房住牧牛郎；
牛郎不知爱织女，
打牛鞭鞭挂成行。

送妹送到七层房，
七层之上是妹房；
过年腊肉煮一块，
"十年老人"倒一缸。
大姐送来我不望，

二姐送来我不尝；

三妹送来吃半杯，

剩下半杯教妹尝。

郎吃半杯昏昏醉，

妹吃半杯好悲伤。

爹娘不许嫁给哥，

偷偷摸摸不久长。

＊"十年老人"是当地良酒名；"倒一缸"即
倒一杯。

二〇一　同上

风吹木叶唱首歌，

木叶落地妹翻坡；

有情有意就等我，

无情无义快爬坡。

二〇二　同上

哥是天上紫微星，

妹是地下冈豆藤；

你是地下冈豆米，

拣你不到不算人。

二〇三　同上

清早起来上大山，

哪个等得露水干；

左手帮郎打露水，

右手帮郎脱汗衫。

二〇四　同上

山林竹子砍一根，

万马云中显哥们；

情郎人才世上有，
情郎心肠没处寻。

二〇五 同上

妹十七来郎十八，
郎读经书妹绩麻；
郎读经书想官做，
妹绩麻来想当家。

二〇六 同上

沟边杨柳一排排，
砍开杨柳等水来；
砍开杨柳等水淌，
丢开别人等哥来。

二〇七 同上

骑马要骑元宝黑，
跟哥要跟大角色；
跟哥要跟英雄汉，
偷跑私奔也值得。

二〇八 同上

一朵鲜花鲜又鲜，
可惜生在河中间；
心想伸手折一枝，
只恨流水无情面。

二〇九 同上

山林竹子砍一棵，
万马云中来选哥；
情哥心肠难得找，
选哥人才世上多。

二一〇　同上

郎十七来妹十八，

买个雄鸡当天杀；

买个雄鸡当天宰，

哪个反心天杀他。

二一一　同上

妹家黑狗真凶恶，

不咬金鸡咬阳鹊；

金鸡不咬咬阳鹊，

不咬情妹咬情哥。

二一二　同上

太阳一红要出来，

妹们脸红花要开；

心头想个多情哥，

爹娘不许哥不来。

二一三　同上

隔河看见妹家门，

妹家狗儿闹成群；

手巾包饭来喂狗，

狗儿不咬贪花人。

二一四　同上

太阳落坡快如梭，

妹们不久就跟哥；

娘家日子渐渐少，

婆家日子渐渐多。

二一五　同上

打妹一捶试妹心，

打妹二捶哥要跟；

打妹三捶哥跟上，
冷水淘沙渐渐深。

二一六 同上

月亮出来两头尖，
两个星星挂两边；
金镯挂在妹手上，
郎心挂在妹心间。

二一七 同上

红旗绕绕要开差，
情妹送我十字街；
心想把妹送回去，
又有长官在中间。

二一八 同上

天上下雨落瓦沟，
线线珍珠向下流；
珍珠越流越好看，
花园越玩越难丢。

二一九 同上

妹家门前有条沟，
金盆打水喂鱼鳅；
鱼鳅不吃金盆水，
郎打单身不害羞。

妹家门前一条河，
金盆打水喂白鹅；
白鹅不吃金盆水，
郎打单身不快活。

二二〇　同上

天上下雨地下滑，
池中鱼儿摆尾巴；
哪天得鱼来下酒，
哪天得妹来当家。

二二一　同上

大田栽秧水又深，
淹没情妹花手巾；
哪个情郎拾把我，
收拾打扮报你恩。

二二二　同上

隔河看见麦子黄，
割了麦子点高粱；
好吃不过高粱酒，
好玩不过少年郎。

二二三　同上

粘谷秧来糯谷秧，
小小男人大婆娘；
翁婆想早抱孙孙，
媳妇胸中急得慌。

二二四　同上

骑马要骑元宝黑，
跟哥要跟读书客；
骑在马上也好看，
背个名头也值得。

二二五　同上

骑马要骑四脚青，
跟哥要跟勤务兵；

> 一来图他伙子好，
>
> 二来图他打马灯。

二二六 黔盘县

> 姐家门口有棵槐，
>
> 手把槐树望郎来；
>
> 早来三天得戏看，
>
> 迟来三天戏落台。

二二七 同上

> 生要恋来死要恋，
>
> 不怕亲夫在眼前；
>
> 见官犹如见父母，
>
> 坐牢犹如坐花园。

二二八 同上

> 姑娘大了莫要留，
>
> 留在家中结冤仇；
>
> 好比后园毛挑子，
>
> 未曾转味有人偷。

二二九 同上

> 郎骑白马上高坡，
>
> 风吹马尾似绫罗；
>
> 绫罗好看要钱买，
>
> 情妹好玩要钱多。

二三〇 同上

> 大河涨水涨半崖，
>
> 半崖头上筑花台；
>
> 风不吹花花不摆，
>
> 郎不招手妹不来。

二三一　同上

妹家门口有棵椿，
椿头发芽妹发身；
椿头发芽有人采，
妹妹发身有人跟。

二三二　同上

斑鸠死在松树林，
阳雀过路好伤情；
不是同胞共父母，
也是同山共树林。

二三三　同上

小小蜜蜂去采花，
七天七夜不回家；
回家又怕蜂王打，
花树缠我我缠他。

二三四　同上

郎在高山打干草，
妹在后园摘苕菜；
哥要苕菜拿把去。
哥要玩上晚上来。

二三五　同上

远远望妹身穿绿，
手中提着半斤肉；
心想和你打平伙，
可惜人生面不熟。

二三六　同上

好成不走这一方，
这方姑娘好大方；

开口就要半匹布，

哥们不是卖布郎。

二三七 同上

天要下雨顺山来，

打湿哥的袜子鞋；

打湿哥的鞋袜子，

不为情妹哥不来。

天要下雨顺山溪，

打湿哥的白汗衣；

心想脱件给哥换，

男人不穿女人衣。

二三八 同上

蜜蜂只为采花迷，

梁山伯为祝英台；

日日思想同你玩，

夜间梦你在眼前；

二三九 同上

好朵鲜花鲜又鲜，

可惜生在牛屎边；

惟愿皇天下大雨，

夺开牛屎让花鲜。

二四〇 同上

月亮出来挂弯弓，

弯弓脚下挂灯笼；

风吹灯笼团团转，

我心落在你怀中。

二四一 同上

风吹木叶片片翻，
得你情义重如山；
你的恩情深似海，
人才貌美两双全。

二四二 同上

一棚鲜花红又红，
三十六朵共一棚；
三十六朵共一处，
哪朵当阳哪朵红。

二四三 同上

吃菜要吃白菜头，
跟哥要跟大贼头；
睡到半夜钢刀响，
妹穿绫罗哥穿绸。

二四四 同上

这山没有那山平，
那山上面两"千金"；
前面是我小姨子，
后面是我屋头人。

二四五 同上

好久不走这方来，
这方姑娘好人材；
这方姑娘人才好，
等哥回去遣媒来。

二四六 同上

砍棵花树打花船，
打双花船在江边；

郎坐船头妹坐尾，

不知荡漾到哪天。

二四七 同上

有女不嫁读书郎，

读书天天在学堂；

要想夫妻常相会，

除非天天烧学堂。

二四八 同上

情妹下河洗围腰，

十个指头水上漂；

有人喝着围腰水，

不害相思也害痨。

二四九 同上

妹家门前栽冬青，

冬青叶子密密生；

阳鹊不吃冬青子，

小郎不讨后婚亲。

二五〇 同上

二十四五月黑头，

小郎无妻到处游；

小郎无妻到处走，

好比野马无笼头。

二五一 同上

姐家门口有个坡，

别人走少我走多；

别人有妻走得少，

小郎无妻走得多。

二五二　同上

绣球开花似灯笼，
桃子开花一树红；
心想和妹结夫妻，
妹们有钱哥们穷。

二五三　同上

太阳出来一点红，
照见高山九条龙；
龙不翻身水不涨，
哥不想妹脸不红。

月亮出来一点白，
照见高山九条蛇；
蛇不翻身水不涨，
妹不打粉脸不白。

二五四　同上

云南下来一条河，
金盆打水喂雁鹅；
雁鹅不吃金盆水，
郎不贪花莫奈何。

二五五　同上

马摆高山高又高，
打把火钳插在腰；
那家姑娘不嫁我，
关起四门放火烧。

二五六　同上

大田大坝栽菖蒲，
别人有妻哥们无；

　　选姐人才世上有，
　　选妹心肠世上无。

二五七　同上

　　隔河拣到一片姜，
　　丢在河中满河香；
　　年纪轻轻守活寡，
　　好比六月打大霜。

　　隔河拣得一块墨，
　　丢在河中满河黑；
　　年纪轻轻守活寡，
　　好比六月下大雪。

二五八　同上

　　隔壁听见孩子哭，
　　是娘身上落的肉；
　　是官是私你抱起，
　　孩子大了你受福。

二五九　同上

　　郎在高楼读文章，
　　金子板凳象牙床；
　　要想出门来会你，
　　可恨先生不放郎。

二六〇　同上

　　为走你家挨一百，
　　身靠牙床口吐血；
　　要想寻条短路死，
　　丢下花园不值得。

二六一 同上

> 十七十八正当时，
> 可恨爹娘解嫁迟；
> 惟怨爹娘迟解嫁，
> 后园牡丹过了时。

二六二 同上

> 人家丈夫像条龙，
> 我家丈夫像毛虫；
> 哪年哪月毛虫死，
> 斑鸠跳进画眉笼。

二六三 同上

> 洋烟不熟受熬煎，
> 同姐讲话话无边；
> 不知情姐想不想，
> 郎们想得发痴癫。

二六四 同上

> 洋烟开花口朝天，
> 劝哥不要学吹烟；
> 吹会洋烟得坏病，
> 黄色树叶在世间。
> ＊"洋烟"即鸦片。

二六五 同上

> 吹烟要吹柳叶黄，
> 情姐跟了狠心郎；
> 栽烟之时姐受苦，
> 吹烟之时郎先尝。

二六六　同上

> 吃烟吃得脸皮黄，
> 煮烟盅子通天堂；
> 有人晓得通天路，
> 引我三人去成双。

二六七　同上

> 小河水——
> 几时得到大河流，
> 妹的手梗白如藕；
> 几时得来做枕头。

二六八　滇平彝

> 小小红马背红鞍，
> 送妹送到九龙山；
> 声声高叫我郎转，
> 好比快刀割心肝。

二六九　同上

> 称声小妹不要愁，
> 郎去云南选地头；
> 选好地头来接你，
> 风流日子在后头。

二七〇　同上

> 郎骑白马上云南，
> 怀抱月琴马上弹；
> 好玩不过东川府，
> 灵通不过妹地方。

二七一　同上

> 好久不走这方来，
> 这方小妹好人才；
> 人才赛过西施女，
> 多情赛过祝英台。

二七二　同上

> 平彝城中一条街，
> 这面拔花那面栽；
> 只要小妹合郎意，
> 不另拔花别处栽。

二七三　同上

> 岩浆滴水响叮当，
> 滴来滴去滴成江；
> 走来走去走成路，
> 玩来玩去会成双。

二七四　同上

> 骑马要骑四脚青，
> 跟郎要跟洋学生；
> 穿衣戴帽都好看，
> 读起书来又好听。

二七五　同上

> 大雨洒洒慢慢来，
> 隔河望见钓鱼台；
> 三尺杆子五尺线，
> 不是钓鱼为妹来。

二七六　同上

> 豌豆开花弯对弯，
> 马带铜铃引过山；

只要妹心合郎意，

哪怕云南是四川。

二七七　同上

扯根茅草搭成城，

正月二月要出门；

家屋丢掉新父母，

花园丢掉情义人。

二七八　同上

撒坡犁地垄子长，

平地栽花惹花王；

高楼大厦惹燕子，

细皮白肉惹小郎。

二七九　同上

天上只有月亮明，

地下只有海水平；

堂屋只有灯盏亮，

八方只有妹出名。

二八○　同上

大雨洒洒慢慢来，

河边杨柳发青苔；

柳树叶多遮得雨，

小妹为郎宽心怀。

二八一　同上

天上星多月不明，

地下山多路不平；

堂屋只有灯盏亮，

世间只有妹多情。

二八二　同上

> 多久不走这方来，
>
> 这方大路捣成埃；
>
> 拿把锄头带把斧，
>
> 修平大路等妹来。

二八三　同上

> 青菜更比白菜绿，
>
> 七岁离娘走江湖；
>
> 七岁离家走江外，
>
> 妹家门头郎不熟。

二八四　同上

> 郎在学中好孤寂，
>
> 两股热泪顺腮滴；
>
> 哪天得我亲妹见，
>
> 好比霸王得虞姬。

二八五　同上

> 大路不平石板镶，
>
> 石板路上开染坊；
>
> 新缸不染旧白布，
>
> 好汉不要滥婆娘。

二八六　同上

> 吃口烟来满口甜，
>
> 蜜蜂绕绕进花园；
>
> 蚂蜂断着蜜蜂路，
>
> 屈死蜜蜂在花园。

二八七　同上

> 眼看小妹顺路来，
>
> 青布围腰慢慢筛；

　　眉毛弯弯龙戏水，

　　好像仙女下凡来。

二八八　同上

　　对门山高不遮天，

　　芭蕉叶大不值钱；

　　哪怕女子生得好，

　　离了小郎不团圆。

二八九　同上

　　月亮出来明又明，

　　照着云南火烧城；

　　烧死多少花大姐，

　　屈死多少采花人。

二九○　同上

　　高山打鼓应得宽，

　　未会读书想做官；

　　未会读书想官做，

　　未会连妹想鞋穿。

二九一　同上

　　星宿出来稀又稀，

　　莫笑小妹穿破衣；

　　后月嫁个有钱郎，

　　抛掉破衣换新衣，

二九二　同上

　　郎走云南十字街，

　　妹走东门绕路来；

　　郎打红伞妹坐轿，

　　双凤朝阳一路来。

二九三　同上

小小白鹤飞得高，
飞在云南柳树梢；
打死白鹤吃夜酒，
麻布洗脸初相交。

二九四　同上

细耳草鞋花后跟，
送郎一双走北京；
南京走到北京去，
郎丢草鞋妹丢心。

二九五　同上

正月里来正月正，
小郎上学妹当心；
一来当心路程远，
二来当心年纪轻。

二九六　同上

月亮出来月亮黄，
跟着月亮来寻郎；
背时月亮不等伴，
脚脚踏着水泥塘。

二九七　同上

高山犁地两头低，
不栽棉花穿棉衣；
不种良田吃白米，
不养老婆恋好妻。

二九八　同上

十七十八到贵州，
买把花伞送妹收；

> 天晴下雨少要打，
> 郎回八字在后头。

二九九　同上

> 牙骨筷子起四楞，
> 风流不是哥一人；
> 哥哥走着桃花路，
> 十处连妹九处成。

三〇〇　同上

> 天要下雨天要晴，
> 喜鹊唧柴进松林；
> 喜鹊唧柴为天冷，
> 小妹卖花为家贫。

三〇一　同上

> 清早起来要上山，
> 哪里等得露水干；
> 露水不干就要走，
> 昨晚哄妹在华山。

三〇二　同上

> 远看小妹不多强，
> 为何跟着这多郎；
> 出的出来进的进，
> 好比蜜蜂晚朝阳。

三〇三　同上

> 太阳落坡天发黄，
> 水牛望日妹望郎；
> 水牛望日转大海，
> 妹望小郎转绣房。

三〇四 同上

太阳下山山背阻，
郎赶街子妹担心；
一来担心年纪小，
二来担心一个人。

三〇五 同上

太阳出来热又热，
照着小妹掘芋麦；
一天得到半斤种，
晒坏肉皮败去色。

三〇六 同上

这山没有那山高，
喊郎过来换围腰；
郎的围腰十八丈，
妹的围腰花线挑。

三〇七 同上

妹家门口一棵桃，
也不矮来也不高；
开的花儿红似火，
结的果儿似仙桃。

三〇八 同上

隔河望见大麦黄，
割去大麦种高粱；
好吃不过高粱酒，
好玩不过年轻郎。

三〇九 同上

云南旁边有条河，
郎养鸭子妹养鹅；

雄鸭跳上母鹅背，

鹅是妹妹鸭是哥。

三一〇 同上

郎是昆明十字街，

妹是西门望乡台；

郎打红伞妹坐轿，

二人朝阳一路来。

三一一 同上

三月芦草开白花，

郎提竿子妹提叉；

二人走到池塘边，

郎捉鱼来妹捉虾。

三一二 同上

四月里来暖洋洋，

姑嫂二人去采桑；

桑篮挂在桑枝上，

一把眼泪一把桑。

三一三 同上

小小蜜蜂翅膀黄，

一翅飞在妹身上；

将妹胸膛咬一口，

看妹想郎不想郎。

三一四 同上

月亮出来万丈高，

梭罗树上结仙桃；

妹是仙桃我要采，

好心好意不要逃。

三一五 同上

> 眼望小妹白又白，
> 细皮白肉不能挨；
> 自有一日挨上了，
> 如胶似漆扯不开。

三一六 同上

> 对门对户一条街，
> 郎门对着妹门开；
> 早上望着妹洗脸，
> 晚上望着妹脱鞋。

三一七 同上

> 高山跑马道路长，
> 平地栽花惹凤凰；
> 高楼大厦惹燕子，
> 十八女子惹小郎。

三一八 同上

> 太阳落坡又落西，
> 有心请郎吃只鸡；
> 鸡脯好肉全给郎，
> 骨头杂碎自己吃。

> 太阳落坡又落脚，
> 有心请郎杀只鹅；
> 好汤好肉请郎吃，
> 骨头棒脑是妹的。

三一九 同上

> 送妹送到五里坡，
> 再送五里不嫌多；

只有情郎送情妹，
情妹不会送情哥。

送妹送到杨梅山，
采个杨梅解口干；
杨梅好吃树难栽，
小妹好玩口难开。

三二〇　同上

芋麦出穗十二月，
妹在婆家受折磨；
冷茶冷饭吃得饱，
冷笑冷谑受不得。

三二一　同上

芋麦出穗一朵罗，
小妹怀胎对郎说；
小妹怀胎对郎讲，
鸡蛋棉布备办着。

三二二　同上

十两银子八串钱，
妹家门口买块田；
妹家门口买块地，
活计得做妹得连。

三二三　同上

昨晚给妹要东西，
妹说东西在屋里；
屋里东西哥不要，
要你身上带着的。

三二四 同上

> 芋麦出穗豆戴花，
> 喊郎回来种庄稼；
> 庄稼种好养人口，
> 哪有贪花来养家。

三二五 同上

> 清早爬起早放牛，
> 妹在家中早梳头；
> 郎在山上招招手，
> 妹在后园点点头。

三二六 同上

> 葱白衣服袖子长，
> 郎抱书本进学堂；
> 人人只说读书好，
> 读书容易背书难。
> 读书抵得婆家去，
> 背书抵得死一场。

三二七 同上

> 月亮出来月亮白，
> 今晚来个远路客；
> 今晚来个远路妹，
> 多唱山歌少说白。

三二八 同上

> 郎也乖来妹也乖，
> 在路相逢两让开；
> 你不言来我不语，
> 有说有笑晚上来。

三二九　同上

小唉唉——
你要成双跳过来；
石板搭桥让你过，
灯笼火把照你来。

三三〇　同上

吃掉烟来过一会，
扯过木叶口上吹；
木叶不是没根草，
吹来吹去在一堆。

三三一　同上

三月种秧四月栽，
五六月间稻花开；
八月九月割稻子，
十月小郎接妹来。

三三二　同上

说不跟来就不跟，
仍然跟着死你身；
赶妹门前脚跟断，
和妹说话口生疔。

三三三　同上

天要下雨细毛飞，
好茶没有好水煨；
好妻没有好夫配，
好比檀香插冷灰。

三三四　同上

> 天要下雨天要晴，
> 喜鹊衔柴松树林；
> 喜鹊衔柴为结窠，
> 郎不贪花为家贫。

三三五　同上

> 天要下雨莫下沙，
> 河边豌豆正开花；
> 等着豌豆来下酒，
> 哪天得妹来看家。

三三六　同上

> 郎骑白马妹骑骡，
> 钥匙掉在响水河；
> 失掉钥匙坑了锁，
> 打失小妹坑了哥。

三三七　同上

> 高山种豆豆角歪，
> 不图人材图妹乖；
> 图妹人材世上有，
> 找妹人材世上无。

三三八　同上

> 太阳落坡坡背阴，
> 对门大姐要招亲；
> 你要招亲来招我，
> 人又高来才又深。

三三九　同上

> 三棵竹子根根长，
> 不知哪棵是竹王；

竹王叶多遮住雨，

小妹心宽待得郎。

三四〇　同上

井上打水井上挨，

装着挑水做郎鞋；

爹妈问我挨什么，

因龙方身水不来。

* "挨" 是多待些时候的意思。"方身" 是当地的土音恐即 "翻身"。

三四一　同上

过路大姐你莫忙，

歇歇气来躲躲凉；

小郎不是黏钻子，

不能黏在你身上。

三四二　同上

新造屋子新砌墙，

一对野雉来躲凉；

野雉只寻凉处躲，

小妹只寻有钱郎。

三四三　同上

井上打水井栏高，

小妹打水难弯腰；

哪个小郎帮我打，

晚上睡觉不放闩。

三四四　同上

不唱山歌不好玩，

唱首山歌怕妹嫌；

　　　　要唱山歌怕妹笑，
　　　　左也难来右也难。

三四五　同上

　　　　十月菠萝出高苔，
　　　　得罪小妹莫见怪。
　　　　得罪小妹莫反脸，
　　　　重定日子二回来。

三四六　同上

　　　　郎在云南碧鸡关，
　　　　妹在昆明湖那边；
　　　　哪天同妹来相会，
　　　　只等昆明湖水干。

三四七　同上

　　　　昨晚同妹打一牌，
　　　　郎输首饰妹输鞋；
　　　　郎输首饰要钱买，
　　　　妹输花鞋手上来。

三四八　同上

　　　　高山田地两头低，
　　　　不栽棉花穿棉衣；
　　　　不种谷子吃白米，
　　　　不讨老婆偷人妻。

三四九　同上

　　　　好块大田四方方，
　　　　又栽辣子又栽姜；
　　　　辣子没有姜辣嘴，
　　　　家花没有野花香。

三五〇　同上

> 郎在南山吹木叶，
> 妹在河边割小麦；
> 一时听见木叶响，
> 手拿镰刀懒割麦。

三五一　同上

> 一路割荞一路拢，
> 有心跟哥莫嫌穷；
> 跟着穷的他会有，
> 跟着有的他会穷。

三五二　同上

> 左一弯来右一弯，
> 抬头看见老高山；
> 高山吃的竹竿水，
> 声音不同熟地方。

三五三　同上

> 粉白衣裳袖子长，
> 抱起书本上学堂；
> 打开书本读两遍，
> 不想字意只想娘。

三五四　同上

> 嫁郎莫嫁读书郎，
> 一年四季守空房；
> 十冬腊月挨冷冻，
> 五黄六月睡空床。

三五五　同上

> 走出玩场笑哈哈，
> 叫声小妹你听着；

过江过河莫下水，

伤风头痛哥挂着。

三五六　滇白水镇

情哥哟——

一心许你就许你，

说笑不过我俩个，

再再不信别人的。

三五七　同上

骑马要骑小铁青，

跟郎要跟洋学生；

一则爱你多才子，

二则爱你有名声。

三五八　滇沾益

唱歌要有两个人，

离了两个唱不成；

独手巴掌拍不响，

一棵松树不成林。

三五九　同上

茄子开花紫蔚蔚，

谷皮杨花满天飞；

有钱哥哥买花戴，

无钱小郎望花飞。

三六〇　同上

好垱大田不栽秧，

高高山上出秧王；

大瓦房中无好女，

茅草房中桂花香。

三六一　同上

> 昨晚同妹恩对恩，
> 吃个豆子平半分；
> 一个豆子分两瓣，
> 只分豆子不分心。

三六二　同上

> 养女莫嫁读书郎，
> 一年不同半年床；
> 三载五载来一回，
> 有郎也同无郎样。

三六三　同上

> 郎在高山打柴烧，
> 妹在花园摘花椒；
> 手上戳的花椒刺，
> 眼泪汪汪给郎挑。

三六四　同上

> 太阳落坡又落荒，
> 老虎下山拉猪羊；
> 你要猪羊拉一个，
> 莫在后园吓小郎。

三六五　同上

> 太阳落坡又落松，
> 小妹劝你莫卖工；
> 工钱不到一百文，
> 太阳不落不算工。

三六六　同上

> 山岭果来开白花，
> 你是哪家粉团花；

你是哪家花大姐，
把郎引得不回家。

三六七　同上

小小马儿啃地皮，
妹的山歌本出奇；
唱在山中药死草，
唱在河中药死鱼。

三六八　同上

天上下雨洒洒稀，
莫笑我郎穿破衣；
有的不必穿缎子，
无的不必穿树皮。

三六九　同上

天上小星排对排，
小星跟到月亮来；
小星跟到月亮走，
山伯跟上祝英台。

三七〇　同上

井边打水井边玩，
打失妹的金耳环；
哪个拾着还给我，
打水回去再来玩。

三七一　同上

上个坡来歇一歇，
郎挑担子妹来接；
双手接过郎担子，
年轻轻的少担些。

三七二 同上

> 爬过坡来坡又长，
>
> 爬到半坡土地堂；
>
> 土地庙前三碗水，
>
> 不知哪碗为修郎。

三七三 同上

> 月亮出来月亮弯，
>
> 照见云南草果山；
>
> 草果山上出草果，
>
> 妹的鞋中出牡丹。

三七四 同上

> 对门杉树十八棵，
>
> 一对花雀在理窠；
>
> 花雀理的十样草，
>
> 小妹唱的百样歌。

三七五 同上

> 天不平来地不平，
>
> 一处下雨一处晴；
>
> 郎在云南打红伞，
>
> 妹在贵州着雨淋。

三七六 同上

> 新来阳雀不开声，
>
> 只等山中树叶青；
>
> 只等山中树叶老，
>
> 棵棵树上叫几声。

三七七 同上

> 清早起来闷炎炎，
>
> 开开窗户看青天；

好个青天不下雨，
好个情妹不得连。

三七八　同上

妹的家乡好地方，
郎的家乡好风光；
郎的家乡实在好，
三弦二胡闹嚷嚷。

三七九　同上

隔河望见姐穿白，
摇摇摆摆那家歇；
怪你小郎瞎落眼，
自家妻子认不得。

三八〇　同上

小小蜜蜂细细腰，
一飞能飞万丈高；
人人说是蜜蜂小，
哪家花园逛不到。

三八一　同上

这朵鲜花鲜又鲜，
可惜生在林中间；
林中开花林中谢，
枉自为人在世间。

三八二　同上

小小蜜蜂翅膀尖，
一翅飞到花园边；
蜜蜂见花偏要采，
花见蜜蜂笑着开。

三八三　同上

> 隔河望见花一苗，
> 有心采花又无桥；
> 郎搬石头妹连土，
> 二人搭下采花桥。

三八四　同上

> 月牙出来月牙钩，
> 两颗星宿在后头；
> 星宿跟着月亮跑，
> 这条黑路哥不丢。

三八五　同上

> 大河水涨两边分，
> 一边浊来一边清；
> 河中有了两样水，
> 小妹有了两样心。

三八六　同上

> 恋妹莫恋门对门，
> 不知不觉长成人；
> 花花轿子讨走了，
> 叫郎心痛不心痛。

三八七　同上

> 后花园中梅花开，
> 可惜梅花别人栽；
> 若是梅树我有份，
> 折枝梅花带了来。

三八八　同上

> 天不平来地不平，
> 风不刮来雨不淋；

风不刮花花不开，
去了去了唱转来！

三八九　同上

对门对户对石崖，
一对鹦鹉飞起来；
鹦鹉只怕老鹰打，
女人只怕亲夫来。

三九○　同上

单打单来独打独，
好比山中独树木；
一个巴掌拍不响，
郎不恋妹不成双。

三九一　同上

高山使牛犁高丘，
使着黄牛想水牛；
骑着骡子想大马，
有了屋头想外头。
*"屋头"是指自己的妻子"外头"是指人
家的妻女。

三九二　同上

多时不走这方来，
这边凉水长青苔；
解开纽子扇凉风，
摆开青苔吃凉水。

三九三　同上

眼望小妹白如云，
瓜子小脸爱死人；

有朝一日时运转，
梳起头发送上门。

三九四 同上

高山点豆豆叶黄，
人家有郎我无郎；
人家有郎同床睡，
小妹无郎抱胸膛。

高山点豆豆叶稀，
人家有妻我无妻；
人家有妻同床睡，
小郎无妻抱双膝。

三九五 同上

小可怜来小可怜，
人家没有哥可怜；
裤子破了无人补，
衣服破了无人连。
哪天有钱讨两个，
一个穿针一个连。

三九六 同上

清早起来把门开，
一股凉风刮进来；
凉风出在凉风洞，
耍家出在十字街。

三九七 同上

隔河望见小妇人，
风吹头发十二层；

风吹头发十二缕，
缕缕刮得爱死人。

三九八　同上

小妹走路不要忙，
歇过气来躲躲凉；
哥是一支单单筷，
哪日和你配成双。

三九九　同上

辣子又辣又放姜，
蜂蜜又甜又放糖；
小妹又白又擦粉，
你叫小郎怎样丢。

四〇〇　同上

养女要嫁读书郎，
蓝衫好洗又好浆；
一年半载来一次，
旧郎如同新郎样。

四〇一　同上

月亮弯弯照九州，
几家欢乐几家愁；
几家夫妻同罗帐，
几家漂落在外头。

四〇二　同上

太阳要落快快落，
小妹有话快快说，
有话无话说两句，
日落西山各走各。

四〇三 同上

> 三月撒秧四月栽，
>
> 五月六月谷花开；
>
> 七月八月晒谷子，
>
> 九月十月收回来。

四〇四 同上

> 火链打火火不着，
>
> 石盆栽花栽不活；
>
> 火链打火要火草，
>
> 石盆栽花要水泼。

四〇五 同上

> 火链打火火星飞，
>
> 昨晚和妹在一堆；
>
> 走掉多少夜黑路，
>
> 受了多少冷风吹。

四〇六 同上

> 大田栽秧三十工，
>
> 小妹送饭在田中；
>
> 过路大哥莫笑我，
>
> 粗切萝卜细切葱。

四〇七 同上

> 六月天来六月天，
>
> 茶壶不离火炉边；
>
> 茶壶不离茶罐口，
>
> 情妹不离郎针线。

四〇八 同上

> 二人唱歌莫争红，
> 小郎就是天秤称；
> 我是中间解争人，
> 不能偏向哪一人。

四〇九 同上

> 吃了饭来钣碗丢，
> 戒指掉在碗里头；
> 哪个大姐来收碗，
> 收着戒指做念头。

四一〇 同上

> 芋麦杆来节节甜，
> 寨中姑娘在种田；
> 寨中姑娘在种地，
> 肥水不落外人田。

四一一 同上

> 高山打枪雀开空，
> 开空脚下做蜜蜂；
> 蜜蜂死了尸首在，
> 小妹死了无影踪。

四一二 同上

> 昨晚跟妹来得黑，
> 来在后园吹木叶；
> 爹娘问我什么响，
> 风吹桃枝动桃叶。

四一三 同上

> 送妹送到十字街，
> 房子相连瓦相挨；

房子相连瓦相合，

哥妹相逢拆不开。

四一四　同上

大田栽秧行对行，

一对白鹭躲阴凉；

白鹭只找阴凉躲，

小妹只找少年郎。

四一五　同上

隔河望见妹爬坡，

毛红带子顺地拖；

三升粗米背不动，

十个小郎不嫌多。

四一六　同上

大河涨水漫悠悠，

寡妇养儿顺水流；

明明知是身上肉，

怕人说笑狠心丢。

四一七　同上

桂花生在贵石崖，

一阵狂风刮下来；

郎是桂花落石缝，

妹是蜜蜂顺石来。

四一八　同上

十七十八下贵州，

连路采花连路丢；

连路采花连路扔，

好花还在那前头。

四一九 同上

> 大河涨水小河清，
> 小河头上栽林檎；
> 林檎好吃树难栽，
> 小妹好玩口难开。

四二〇 同上

> 隔河望见妹穿绿，
> 手中提着半斤肉；
> 有心留郎吃顿饭，
> 可惜人生面不熟。

四二一 同上

> 高山木叶枝对枝，
> 是大是小不认识；
> 吃酒场中认大小，
> 贪花之人不晓得。

四二二 同上

> 郎在高山使黑牛，
> 妹在屋里做鞋头；
> 妹只望哥忘做鞋，
> 哥为望妹忘使牛。

四二三 同上

> 不唱山歌不好玩，
> 唱起山歌怕姐盘；
> 只要情姐不盘我，
> 同伙唱歌同伙玩。

四二四 同上

> 多久不走这条冲，
> 黄花紫草长齐胸，

黄花紫草哥不爱，
只爱小妹心多情。

四二五　同上

送妹送在黑泥沟，
拿团黑泥做小牛；
只见小牛来吃水，
不见小妹来要牛。

四二六　同上

小妹怀胎脸皮白，
肚子大了走不得；
肚子大了走不动，
悖时小郎丧了德。

四二七　同上

年年有个七月七，
鹭鹚下田嘴衔泥；
不是哥们巴结你，
鱼养水来水养鱼。

四二八　同上

悖时小妹好黑心，
把哥丢在冷墙根；
墙根下面走成路，
窗子底下站成坑。

四二九　同上

十七八岁走妹家，
吃妹槟榔劳妹茶；
吃妹槟榔劳妹酒，
你要回报来我家。

四三〇　滇曲靖

> 天要下雨刮大风，
> 马要吃水倒立鬃；
> 公鸡要叫先拍翅，
> 妹要吊郎先拍胸。

四三一　同上

> 昨夜赶街来得黑，
> 躲在后街把门推；
> 爹娘问我什么响，
> 大风吹断后塘苇。

四三二　同上

> 好股凉水出岩脚，
> 风刮来雨下不多；
> 郎是水牛来吃水，
> 妹是鲤鱼来会合。

四三三　同上

> 桂花生在桂石岩，
> 狂风刮下一枝来；
> 妹是桂花香千里，
> 郎是蜂蜜采花来。

四三四　同上

> 风刮丝弦过悬崖，
> 为了情妹我才来；
> 为了情妹我才到，
> 千万山水破命来。

四三五　同上

> 隔河望见花一苗，
> 有心采花又断桥；

郎挑石头妹挑土，

二人搭起采花桥。

四三六　同上

走起路来只向前，

何必抬头望花园；

哪家花园教你看，

哪个大姐教你恋。

走起路来向你前，

有心抬头看花园；

哪家花园我都看，

哪个大姐我都恋。

*以上两首歌是男女对唱。

四三七　同上

云南下来一条街，

花树配着漆树栽；

郎是漆树无人攀，

妹是花树有人爱。

四三八　同上

好朵鲜花鲜又鲜，

可惜生在火塘边；

有心采朵鲜花戴，

可惜公公在眼前。

四三九　同上

送妹送在大桥头，

手把栏杆望水流；

清水不跟混水合，
露水夫妻不到头。

四四○ 同上

大河涨水沙叠沙，
湖绉袍子花叠花；
哪个大姐待我好，
湖绉袍子就送她。

四四一 同上

包谷出穗头戴花，
你是哪家海棠花；
你是哪家花大姐，
愿意嫁郎来我家。

四四二 同上

雪冷冰来雪冷冰，
口干莫吃萝卜缨；
恋妹要恋黄花女，
跟过哥的多不贞。

四四三 同上

读书要读三字经，
吃米要吃米心心；
吃酒要吃高粱酒，
恋妹要恋一条心。

四四四 同上

天要下雨四山灰，
四山八凹有人围；
四山八凹人围起，
郎是雀儿也难飞。

四四五　同上

太阳出来白又白，

照着小妹锄玉麦；

锄了玉麦晒死草，

晒坏小妹褪颜色。

四四六　同上

吃烟不够心不甘，

吃茶不够上茶山；

吃酒不够壶中有，

想妹不来不能眠。

四四七　同上

太阳落坡又一天，

郎打单身又一年；

郎打单身无人问，

妹打单身无人怜。

四四八　同上

月亮出来白又白，

照得江边九条蛇；

蛇不吃油自然肥，

妹不擦粉自然白。

四四九　同上

亮油笠帽紫竹编，

送郎一顶过热天；

天热戴着街前耍，

夜间放在枕头边。

四五〇　同上

> 荞麦杆来节节甜，
> 表姊表妹也要恋；
> 表姊表妹恋一个，
> 肥水不落外人田。

四五一　同上

> 远望小妹不多高，
> 头发辫子拖到腰；
> 别的东西哥不要，
> 转过脸来哥瞧瞧。

四五二　同上

> 远望小妹不多高，
> 青布褂子蓝围腰；
> 自头到脚都好看，
> 不知前面娇不娇。

四五三　同上

> 大田栽秧棵对棵，
> 未曾下田捲裤脚；
> 过路先生莫笑我，
> 五月龙王莫奈何。

四五四　同上

> 大田栽秧稗子多，
> 拔掉一棵又一棵；
> 只见低头拔稗子，
> 不见抬头望情哥。

四五五　同上

> 隔河望见李子红，
> 李子树下现乌龙；

乌龙作怪要下雨，
小妹作怪要恋我。

四五六　同上

胡椒芥末八角香，
初次来到贵地方；
哪个大姐来恋我，
永世不再回家乡。

四五七　同上

大河涨水沙重沙，
湖绉纱帕花重花；
郎在唱来妹在和，
二人见面笑哈哈。

四五八　同上

小妹下河洗苔蒿，
十指尖尖顺水漂；
有人吃了苔蒿水，
不害相思也害痨。

四五九　同上

隔河望见妹的脚，
哥们吃饭当菜肴；
有朝一日得到妹，
一顿要吃饭三瓢。

四六○　同上

隔河望见花一林，
花多叶少爱死人；
花多只怕风来摆，
叶少只怕雨来淋。

四六一　同上

> 上坡莫望坡头长，
> 下姐莫望水朝阳；
> 出门莫想妹模样，
> 想起模样苦心肠。

四六二　同上

> 天上小星排对排，
> 地下灯笼对灯台；
> 八仙桌子配龙碗，
> 官家小妹配秀才。

四六三　同上

> 天气正晴起乌云，
> 路上来了恩爱人；
> 文明调子唱两个，
> 阳鹊鹦鹉好传名。

四六四　同上

> 新打板墙亮晶晶，
> 板墙头上挂盏灯；
> 谁家娇娘灯下过，
> 灯下美女更多情。

四六五　同上

> 十七十八爱唱歌，
> 人人说我嘴啰嗦；
> 哥们不是啰嗦嘴，
> 年轻爱玩唱山歌。

四六六　同上

> 昨晚睡觉脸朝东，
> 梦见小郎在怀中；

苏醒起来是个梦，
眼泪哭掉一茶盅。

四六七　同上

小哥哥来小哥哥，
路上凉水少吃多；
吃多凉水易得病，
还说小妹下毒药。

四六八　同上

日头出来黄又黄，
照在云南火烧房；
烧死多少花大姐，
气死多少花大郎。

四六九　同上

青菜白菜同园栽，
小妹心事有点歪；
心中想个囡囡抱，
你不跟哥哪里来。

四七〇　同上

郎是天上公道心，
妹是人间仁德心；
哥哥要你脸对脸，
你偏把背对妹心。

四七一　同上

郎也白来妹也白，
吃酒醉成桃花色；
郎似珍珠妹似宝，
珍珠换宝也值得。

四七二　同上

郎说郎家好田庄，

妹说妹家好房廊；

两处搬来一处住，

免得一心挂两场。

四七三　同上

鸭嘴没有鸡嘴圆，

鸡嘴没得妹嘴甜；

八月十五亲个嘴，

九月重阳还在甜。

四七四　同上

郎似天上牛郎星，

妹似天上织女星；

七月七日会一面，

只是合口不合心。

四七五　同上

大河涨水满庙门，

大家都是吃斋人；

只要大家同心意，

放下斋碗吃五荤。

四七六　同上

送郎送在大门前，

一朵乌云遮满天；

惟愿老天快下雨，

再留情郎玩两天。

四七七　同上

送妹送在大桥头，

立在桥头看水流；

要学泉水常常淌，
莫学洪水不长久。

四七八 同上

君是君来臣是臣，
一张桌子八个人；
一张桌子人八个，
个个都是采花人。

四七九 同上

大田栽秧栽糯谷，
一半开花一半熟；
谷子开花正要雨，
小妹怀胎要郎扶。

四八〇 同上

郎是云南小总督，
妹是四川良家妹；
郎是新官才上任，
妹是太阳刚才出。

四八一 同上

五月五来是端阳，
农家小户理田庄；
男的出来使耕牛，
女的在家把饭忙。

四八二 同上

三路房子两路楼，
一对鹦鹉挂梁头；
睡到半夜鹦鹉叫，
郎弹月琴妹吹箫。

四八三　同上

> 多久不走这方来，
> 这潭凉水长青苔；
> 拨开青苔吃凉水，
> 打扫打扫等郎来。

四八四　同上

> 郎也匆来妹也匆，
> 纸表窗户没打通；
> 有朝一日打通了，
> 二人做事在心中。

*"匆"据土人解释，为愚笨的意思，也许即"蠢"字。

四八五　同上

> 好垭大田不开沟，
> 好座房屋不装修；
> 好个小妹不嫁我，
> 好比劣马无笼头。

四八六　同上

> 山是山来海是海，
> 河边杨柳风来摆；
> 风不吹树叶不动，
> 郎不招手妹不来。

四八七　同上

> 郎走高山妹走冲，
> 十回找你九回空；
> 十回找你空九回，
> 你要再来我不应。

四八八　同上

火链打火细细飞，

细细想想吃妹亏；

郎吃妹亏走好路，

妹吃郎亏冷风吹。

四八九　同上

腊月初八日子好，

许多姑娘变大嫂；

心里笑来嘴里苦，

坐坐花轿好逍遥。

四九〇　同上

新郎新娘新鸳鸯，

新被新枕又新床；

今夜夫妻同罗帐，

好比织女配牛郎。

四九一　同上

好男好女好风光，

好女今晚配好郎；

好日好时生贵子，

好心好意好鸳鸯。

四九二　同上

一进新人房，

闻见桂花香；

揭开红罗帐，

看见新姑娘。

四九三　同上

小小桌子四角方，

洗手切肉龙盈装；

一张桌子坐八个，
个个都是读书郎。

四九四　同上

闲来无事到姐家，
姐姐一见笑哈哈；
装烟忙倒茶，
海海一海哟
咱们不吃烟来不吃茶。
你不吃烟请坐下，
怒气沉沉为哪家？
对奴说实话！
海海一海哟，
对奴说实话。
咱家昨天从你门前过，
见了一个小伙子，
头戴龙须草帽，
身穿花缎长袍；
脚踏青缎鞋子，
手拿垂金扇子，
从你家前门进后门出，
请问他是谁家的舅子？
你问他来他姓沙，
他是姑妈家表，
是来看奴妈！
海海一海哟，
是来看奴妈。
看你妈来就是看你妈，
为何二人笑哈哈？

他有一把垂金扇，

奴有一朵美丽花。

因此笑哈哈！

海海一海哟。

因此笑哈哈。

* 这个歌名《垂金扇》。全歌很长，可惜所访
问的歌者，只记着这些。又因时间迫促，未
及另访他人以全此歌，而吾旅行团又启程了。

四九五 同上

五月桃子半个红，

耍家姑娘大不同；

走路像是风摆柳，

眼睛像个萤火虫。

四九六 同上

大河涨水满河身，

一对野猫顺水跟；

野猫吃鱼不吃刺，

小妹偷嘴不偷身。

四九七 同上

大田栽秧水又清，

哥拾戒指在手中；

拾得戒指送把我，

唱着山歌回人情。

四九八 同上

三更二点月照街，

轻手轻脚把门开；

双手拉着哥哥伞，

为妹情重哥才来。

四九九 滇师宗

扁柏开花结绣球，
郎穿麻布妹穿绸；
郎穿麻布妹穿缎，
配搭不住在心头。

五〇〇 同上

初一下雨初二晴，
妹在花园扎大云；
大云扎在胸巾上，
小云扎在黑松林。

五〇一 同上

大河涨水漫河沙，
抓把细沙栽西瓜；
西瓜本是红种子，
小妹好像海棠花。

五〇二 同上

清早爬起要上山，
花布手巾搭上肩；
花布手巾搭上肩，
为会情妹才爬山。

五〇三 同上

月亮出来亮光光，
小妹约哥去烧香；
人家烧香求儿女，
咱们烧香求成双。

五〇四 同上

郎有心来妹有心，
好比绒线配花针；

郎是花针先引路，

妹是绒线随后跟。

五〇五　同上

天上下雨莫下沙，

河边豌豆正开花；

哪时等得豌豆来下酒，

哪时等得小妹来当家。

五〇六　同上

郎十三来妹十三，

两个十三上云南；

人人说是云南好，

手中无钱到处难。

＊云南歌谣中，常见"去云南"字样，此"云
南"系指昆明而言。昆明旧称云南府，云南
土人仍称昆明为云南。

五〇七　同上

郎想妹来妹想郎，

想来想去脸皮黄；

爹娘问我想哪个？

口想爹娘心想郎。

五〇八　同上

蚂蚁上树节节高，

有心恋妹不怕刀；

有朝一日刀上过，

人头落地两开交。

五〇九　同上

十七十八小姑娘，

风吹罗裙桂花香；

顺水人情你不做，

桂花能有几时香。

五一〇　同上

隔河望见妹爬坡，

桃红带子顺地拖；

有心等哥站着等，

无心等哥快翻坡。

五一一　同上

隔河望见李子沟，

郎摘李子妹来兜；

郎说甜来甜如蜜，

妹说一样滋味在心头。

＊"兜"是以褂子前襟来包东西。

五一二　同上

二更二鼓月出头，

哥在山中打石头；

妹在房中打主意，

早晒罗裙未曾收。

二更二鼓月照房，

轻手轻脚走近窗；

远远听见狗乱叫，

为何不见奴的郎。

五一三　同上

大河涨水漫悠悠，

空心麻杆下柳州；

空心麻杆柳州去，

实心小妹难得丢。

五一四　同上

> 马桑秸字节节绿，
> 郎走这方路不熟；
> 心想小妹带领去，
> 怎奈人生面不熟。

五一五　同上

> 要吃辣子种辣秧，
> 要吃鲤鱼走长江；
> 心想小妹长江走，
> 要玩小妹走四方。

五一六　同上

> 栀子花来栀子叶，
> 你莫掐来你莫捏；
> 掐掐捏捏没礼貌，
> 你不听说是个鳖。

五一七　同上

> 胡桃开花吊吊长，
> 对门走路像我郎；
> 我郎走路认得真，
> 一步短来一步长。

> 核桃开花吊吊稀，
> 对门走路像我妻；
> 我妻走路我认得，
> 一步高来一步低。

五一八　同上

> 昨晚跟妹跟不着，
> 郎吃茶饭当吃药；

> 看看今日跟着了，
> 郎吃茶饭当水喝。

五一九　同上

> 火链打火火星飞，
> 昨晚寻妹好吃亏；
> 走掉多少黑夜路，
> 受了多少冷风吹。

五二〇　同上

> 远远望妹不多高，
> 瓜子小脸黑眉毛；
> 眉毛弯弯龙凤眼，
> 苗苗条条杨柳腰。

五二一　同上

> 樽子樽来樽子樽，
> 问问小妹可实心？
> 只要小妹实心了，
> 再等十年不讨人。

> 樽子樽来樽子樽，
> 问问小郎可实心？
> 只要小郎实心了，
> 要歇十年不嫁人。

五二二　同上

> 郎骑白马门前走，
> 小妹正在炉后头；
> 听见郎马铃子响，
> 扫帚刷把一齐丢。

五二三　同上

> 姐家门前一棵椿，
> 砍倒椿树做大门；
> 早晨开门金鸡叫，
> 晚上关门凤凰声。

五二四　同上

> 大田栽秧沟对沟，
> 郎一垅来妹一垅；
> 惟望老天下大雨，
> 冲倒田坝做一垅。

五二五　同上

> 一杯酒来酒杯斟，
> 二人坐下盘年庚；
> 郎是腊月三十晚，
> 妹是十五闹花灯。

五二六　同上

> 老远望妹身穿青，
> 腰中挂着花手巾；
> 手巾不是爹娘有，
> 昨晚小郎送人情。

五二七　同上

> 火烧东山松树林，
> 姑爷告上丈人门；
> 叫你姑娘快长大，
> 我们没有看家人。

五二八　同上

> 十七十八大姑娘，
> 手拿鞋底靠门框；

　　　　一心想个娃娃抱，
　　　　前世烧了断头香。

五二九　同上

　　　　半夜想起半夜来，
　　　　跌破指头跑破鞋；
　　　　跌破指头也会好，
　　　　跑破鞋子妹做来。

五三〇　同上

　　　　高山种荞荞杆空，
　　　　荞杆底上栖蜜蜂；
　　　　高房大屋惹人爱，
　　　　俊俏小郎惹姐争。

五三一　同上

　　　　老鸦打架进松林，
　　　　刚才打开又成群；
　　　　老鸦得觅老鸦伴，
　　　　小妹得觅唱歌人。

五三二　同上

　　　　高高山上一坵秧，
　　　　风吹秧苗闹洋洋；
　　　　没有秧苗早下种，
　　　　没有儿女早成双。

五三三　同上

　　　　昨晚睡觉面向东，
　　　　梦见小妹在怀中；
　　　　金鸡一叫大梦醒，
　　　　郎在西村妹在东。

五三四　滇马龙

昨晚睡觉面朝西，

梦见小妹滚楼梯；

心中一急惊醒了，

郎在东来妹在西。

五三五　同上

不唱不唱唱出来，

唱个灯盏落灯台；

灯盏落在灯台上，

郎心落在妹心怀。

五三六　同上

好花不戴戴白栀，

少年不玩过了时；

少年不玩年老了，

黄金难买少年时。

五三七　同上

郎十七来妹十八，

买双金鸡当天杀；

二人吃下生血酒，

哪个反悔雷劈他。

五三八　同上

天上彩云像花开，

郎到云南做官来；

郎打红伞妹坐轿，

双凤朝阳一路来。

五三九　同上

半夜去来半夜来，

不穿袜子不穿鞋；

走在半路人盘问，
我从学堂读书来。

五四〇　同上

日头出来三千三，
照着云南五华山；
郎是新官才上任，
妹是日头刚出山。

五四一　同上

跟郎要跟三月郎，
天气又热人又忙；
冬十腊月跟一个，
日子短来夜又长。

五四二　同上

八月十五冷凄凄，
写封书子带给你；
有心有意回个信，
无心无意去你的。

五四三　同上

日头落坡坡不落，
小妹有话话不说；
有话无话说两句，
日头落山各走各。

五四四　同上

一出大门三转弯，
拍郎一把汗不干；
拍郎一把哈哈笑，
一路走来一路丢。

五四五　同上

远远望见盖新房，

九个师傅垒房墙；

劝劝师傅好好盖，

留个花窗望小郎。

五四六　同上

桂花生在贵山坡，

桂花没有桂叶多；

只有贵哥找贵妹，

哪有贵妹找贵哥。

五四七　同上

豌豆开花弯对弯，

马带铜铃响过山；

只要郎心合妹意，

哪怕云南和四川。

五四八　同上

嘴吃胡桃手剥壳，

妹要丢哥丢不脱；

妹是一匹小黄马，

郎是链子马头索。

五四九　同上

菜子开花黄心心，

这个小妹好良心；

这个小妹心地好，

赛过周方十八村。

五五○　同上

月亮十五好时候，

不见情妹出来游；

不见情妹出来玩，
只得关在铁柜头。

五五一　同上

清清凉水落檐脚，
转转悠悠流到河；
哥是水牛来吃水，
妹是金鱼来会河。

五五二　同上

白铜烟袋五寸长，
装上香烟敬小郎；
郎一口来妹一口，
口口吃得桂花香。

五五三　同上

郎想妹来妹想哥，
二人想得直跺脚；
小郎跺破麻草鞋，
小妹跺破白裹脚。

五五四　同上

晚荞开花满地白，
马龙小姐好颜色；
大官老爷都不爱，
只爱本地庄稼客。

五五五　同上

老远望妹下山来，
手拿篾帽当招牌；
篾帽本是招牌样，
小妹本是祝英台。

五五六　同上

月亮出来月亮清，
哥是哪里小书生；
你把实话说给我，
妹和情哥搭一生。

五五七　同上

月亮出来月亮清，
妹是哪家小观音；
擦点胭脂擦点粉，
赛过上海女学生。

五五八　同上

大河涨水满河涯，
大船跟着小船来；
大船渡过梁山泊，
小船渡过祝英台。

五五九　同上

眼望小妹顺路来，
不高不矮好人才；
不高不矮人才好，
找过媒人说你来。

五六〇　同上

大田栽秧稗子多，
拔了一棵又一棵；
小妹低头拔稗子，
心中时时想情哥。

五六一　同上

浅蓝裤子吊裤脚，
不钓金鸡钓阳鹊；

金鸡阳鹊钓完了，

只有小妹钓不着。

五六二　同上

隔河望见一条牛，

大喊三声不抬头；

牛不抬头吃青草，

妹不抬头不风流。

五六三　同上

送妹送到后花园，

花红没有苹果甜；

要吃花红摘两个，

要吃苹果妹开园。

五六四　同上

远望小妹白如云，

眉毛弯弯自生成；

人人都是父母养，

你怎生得这样俊。

五六五　同上

不稀奇来不稀奇，

要去四川买马骑；

买马要买桃花马，

配起洋鞍给妹骑。

五六六　同上

郎也白来妹也白，

二人白得梨花色；

二人白得梨花样，

还有哪点配不得。

五六七 同上

> 三棵竹子一样高，
>
> 砍倒一棵来做箫；
>
> 白日吹得蜜蜂叫，
>
> 夜晚吹得妹心焦。

五六八 同上

> 哥要去来妹要留，
>
> 没有什么做念头；
>
> 只有半匹干青布，
>
> 送给情哥打套头。
>
> *湘黔滇的乡民，很少戴帽子的，多半用布缠在头上，称为"打套头"。

> 妹要去来哥要留，
>
> 没有什么做念头；
>
> 还有一尺花缎子，
>
> 送给小妹做枕头。

五六九 同上

> 凉风吹来凉风凉，
>
> 凉风出在哪一方；
>
> 凉风出在凉风洞，
>
> 小妹出在花绣房。

五七〇 同上

> 月亮出来月亮弯，
>
> 小哥回家妹喜欢；
>
> 预备酒来预备饭，
>
> 不许小哥再出山。

五七一　同上

豌豆开花角对角，
我劝小妹裹小脚；
妹的小脚裹得小，
哥的洋烟断得脱。

五七二　同上

远望小哥身穿白，
手中抱着小书包；
又想和你问路走，
恐怕走了旁人说。

五七三　同上

小妹妹，
过河过水哥背你；
心甘情愿你和我，
象牙床上妹背哥。

五七四　同上

情郎哟，
太阳黄黄要落坡；
老天不给人方便，
明天玩笑应提前。

五七五　同上

大路弯弯小路直，
小路头上等西施；
真的来了弯腰接，
假的来了打死你。

五七六　同上

高山砍柴刺蓬多，
小妹头上管人多；

心想留哥吃顿饭，
筛子关门眼睛多。

五七七　同上

一根帕子二尺长，
结个疙瘩丢过墙；
千年疙瘩不能散，
万年小妹不丢郎。

五七八　同上

情郎哥哟——
好花开在深山涯；
错承为哥看得上，
小妹出自清寒家。

五七九　同上

一出大门三转弯，
抬头看见火烧山；
火烧芭茅心不死，
不得恋妹心不甘。

五八〇　同上

郎在云南五华山，
妹在滇池海那边；
要想郎妹得相会，
要等滇池海水干。

五八一　同上

太阳落坡坡落脚，
留郎不住双手拖；
留郎不住双手拉，
不重情义可奈何！

五八二 同上

送郎送到滴水岩，
亲口许郎一双鞋；
事多忙忙不得做，
沙石硬脚也难来。

五八三 同上

郎想妹来妹想郎，
二人想得脸皮黄；
亲姊熟妹都不想，
露水夫妻想断肠。

五八四 同上

大田栽秧行对行，
郎一行来妹一行；
两边都是亲姊妹，
没有哪个多一行。

五八五 同上

小哥哥来小哥哥，
劝你回家讨老婆；
青年十八贪玩耍，
老来无子靠哪个。

五八六 同上

堂屋点灯灯对灯，
一夜等你二三更；
等到三更你不来，
眼泪汪汪去吹灯。

五八七 同上

青菜割叶不割根，
阳鹊过山远传名；

上头传遍云南省，
下头传到贵阳城。

五八八　同上

不唱山歌冷吞吞，
不打官司冷衙门；
不打官司衙门冷，
不唱山歌冷妹心。

五八九　同上

油菜白菜一样青，
小妹和郎是同庚；
妹的儿子会放马，
小郎还在打单身。

五九〇　同上

这朵鲜花鲜又鲜，
可惜生在棘中间；
有心采朵鲜花戴，
人又弱来刺又尖。

五九一　同上

妹家门前一棵槐，
小郎死了大路埋；
抬走妹家花园过，
闻见花香活转来。

五九二　同上

清早爬起闷炎炎，
拉开窗户望青天；
好个青天不下雨，
好个月牙切半边。

五九三 同上

> 郎在高山放早牛，
>
> 妹在后园梳早头；
>
> 牛不低头嫌草老，
>
> 妹不抬头不风流。

五九四 同上

> 隔河望见柑子黄，
>
> 可怜柑子可怜郎；
>
> 可怜柑子无人采，
>
> 可怜小郎守空房。

五九五 同上

> 太阳出来白又白，
>
> 照着小妹锄玉麦；
>
> 锄死玉麦有根在，
>
> 晒黑小妹洗不白。

五九六 同上

> 南风不如北风凉，
>
> 家花不如野花香；
>
> 人人说是野花好，
>
> 野花哪有家花香。

五九七 同上

> 吃菜莫吃苦菜心，
>
> 养女莫嫁唐督军；
>
> 走在人前倒好看，
>
> 喊声奴婢怪难听。

五九八 同上

> 吃菜要吃白菜心，
>
> 养女要嫁唐督军；

走在人前多好看，

喊声太太又好听。

五九九　同上

你在东来我在西，

你无丈夫我无妻；

我无妻子心不乐，

你无丈夫受孤凄。

六〇〇　同上

弄火不着怪火塘，

讨亲不着怪爷娘；

一怪爹娘二怪命，

三怪媒人不成双。

六〇一　同上

大田大地人家的，

花枝花朵人家妻；

割草养大人家马，

手把金鞍不得骑。

六〇二　同上

上坡不去歇一歇，

下坡不去妻来接；

人家有妻妻接去，

我们无妻半路歇。

六〇三　同上

大海中间一支藕，

风摆雨头走，

多好一个花大姐，

嫁着一个好吃懒做的吹烟狗。

六〇四　同上

　　小板凳，脚歪歪，

　　嫁个丈夫不成材；

　　又吃酒，又打牌，

　　打到三更半夜才回来。

　　大姨妈！二姨妈！

　　这个日子怎么过？

　　买个饵块随着过。

六〇五　同上

　　歪茄子，病毛瓜，

　　给我嫁个丑冤家；

　　千声有钱万声好，

　　左次右次来把八字讨，

　　现在害得我，

　　三顿吃饭只得两顿饱。

六〇六　同上

　　鸦雀喳喳

　　哭回娘家，

　　爹爹不在家，

　　告诉给我妈；

　　妈呀妈！

　　你的女儿命不好，

　　嫁个丈夫不成材，

　　又吹洋烟又打牌。

　　三天不买米，

　　四天不打柴，

　　这个日子叫你心肝女儿怎样过得来！

六○七 同上

> 送郎送到大桥头，
> 手扶栏杆望水流；
> 四水长江归大海，
> 露水夫妻不到头。

六○八 同上

> 啊哟，小妹妹——
> 哥爱你，请个画匠来画你；
> 画像装在口袋里，
> 闲来没事看看你。

六○九 同上

> 隔河看见甘蔗黄，
> 可怜甘蔗可怜郎；
> 可怜甘蔗空长大，
> 可怜小郎未成双。

六一○ 同上

> 送妹送在山川间，
> 叫声情哥你是听；
> 好情好意待承你，
> 千年万古记在心。
> 送妹走了几十里，
> 请哥转回贵寨门。

六一一 同上

> 远望小妹靡多高，
> 绿绸裤子红绸袄；
> 绸裤绸袄哥不爱，
> 转过小脸哥瞧瞧。

六一二 同上

> 腊月八日日子好，
> 许多姑娘变大嫂；
> 心里笑来嘴里哭，
> 屁股坐着大花轿。

六一三 同上

> 新郎新女配鸳鸯，
> 新女身上有麝香；
> 新郎若要麝香发，
> 新郎先来尝一尝。

六一四 同上

> 纱布帐子亮纱纱，
> 哔叽被窝又插花；
> 夫妻二人多恩爱，
> 睡到半夜莫搬家，

六一五 同上

> 有个大姐整十七，
> 过了四年二十一；
> 嫁个丈夫才十岁，
> 她比丈夫大十一。
> 一天井台去打水，
> 一头高来一头低；
> 不是公婆待我好，
> 把他推进深井里。

六一六 同上

> 韭菜花，满地铺，
> 金担银担嫁小姑，

小姑命不好，

嫁给一个驼背老。

上床又要背，

下床又要驮。

前世烧了断头香，

今生得罪莫奈何！

六一七 同上

大姨母，害了我，

千道万道催我把脚小小裹，

才配得人家楼房几大所。

嫁了一个悖时郎。

遇着一个恶婆婆。

六一八 同上

洋烟开花口朝天，

我劝小郎莫吹烟；

吹上洋烟非小事，

黄皮瘦脸在人间。

六一九 滇宜良

三位大嫂过河来，

中间那位是你奶；

头上金簪是爷打，

肚中娃娃你投胎。

三位大嫂过河溪，

中间那位是我妻；

头上金簪是哥打，

肚中娃娃是哥的。

六二〇　同上

白布帐子花枕头，
问你小哥睡哪头；
小哥路程来得远，
就与小妹睡一头。

六二一　同上

野鸡羽毛好，
不如家鸡能报晓；
新人貌如花，
不如旧人能绩麻；
绩麻做衫郎得着，
眼见花开花又落。

六二二　滇昭通

亮灯上床思想妹，
脱衣上床思想双；
梦中老想同妹睡，
醒来又是睡空床。

六二三　同上

脚登板凳手爬墙，
两双眼睛望情郎；
昨日为郎挨了打，
情愿挨打不丢郎。

六二四　同上

大田栽秧角对角，
小妹下田捲裤脚；
过路先生莫笑我，
四月农忙可奈何！

六二五　同上

> 月亮出来月亮白，
>
> 谋夫夺妻做不得；
>
> 谋夫夺妻少要做，
>
> 五牛分尸值不得。

六二六　滇杨林镇

> 姑妈姨妈下毒药，
>
> 小小的就给我把媳妇说；
>
> 讨着这个金子壳的小妖精，
>
> 不如一个卖鱼婆！

六二七　同上

> 稗子下田像棵秧，
>
> 丫头打扮像姑娘；
>
> 人人喊我花大姐，
>
> 命不如人不敢当。

六二八　同上

> 吃口烟来口口甜，
>
> 劝哥莫去"帮长年"。
>
> 瘦田薄地多种点，
>
> 半年辛苦半年闲。

六二九　同上

> 玉米秸来节节甜，
>
> 丈夫不大你莫嫌；
>
> 待到一日长大了，
>
> 入了学堂做大贤。

六三〇 贵阳

亦名《瑶娘思夫》

　　　　一更里来月照纱窗，
　　　　想起生身二爷娘，
　　　　倘若奴是男子样，
　　　　也好在家奉高堂。
　　　　为子敬孝是正章，
　　　　早晚二时问安康，
　　　　谁知二老无福享，
　　　　单生裙钗女儿行。
　　　　自古生女是外向，
　　　　十七十八选才郎。
　　　　那日双亲堂前上，
　　　　来了媒婆本姓王。
　　　　香茶吃毕把话讲：
　　　　说媒就是于冰郎。
　　　　她说郎君立志向，
　　　　一夜读书到天光。
　　　　同学窗友都在讲，
　　　　后来必定保帝王。
　　　　二老闻言喜心上，
　　　　就把裙钗放冷郎。

　　　　二更里来月明亮，
　　　　奴坐绣楼泪两行。
　　　　七月初七把轿上，
　　　　吹吹打打接过房。
　　　　奴坐轿中听炮响，

三声大炮进周堂。
奴与夫君把床抢，
洞房花烛喜洋洋。
夫妻恩爱情难讲，
一夜恩情百年长。
大比之年开皇榜，
夫君服科走忙忙。
几篇文章来中上，
身居进士在朝堂，
谁知朝堂出奸党。
奴夫怕去奉君王，
回转家来对奴讲。
伴君犹如伴虎狼。
千年富贵如灯亮，
不如修道把姓藏。
奴家闻言泪汪汪，
千言万语劝夫郎。
夫君不听裙钗讲，
一心学道走外方。
奴夫一去无音信，
丢奴在家守空房。

三月里来月照厢，
瑶娘自思没主张。
奴是裙钗把郎放，
要靠夫君过日光。
谁知冤家把山上，
半路丢奴好凄凉。

前世挪了姻缘账，
今生夫妻不久长。
好似天宫把弹放，
弹打鸳鸯两分张。
自从夫君往外向，
何曾一刻丢下郎。
独坐绣楼空思想，
无心无意绣鸳鸯。
提剪又把布来放，
提针又把花来忘。
园内百花无心望，
每日绣楼泪两行。
白日懒把花楼上，
晚来凄凉到天光。
百人夫妻同罗帐，
恩爱二字叹衷肠。
裙钗好是孤鬼样，
独自一人守空房。
朝日我把夫君望，
怎不早早转回乡。

四更里来月照江，
园内牡丹望海棠。
奴夫本是痴呆汉，
二甲进士付东洋。
寒窗辛苦全不想，
你把富贵丢一旁。

深山修道有甚好，
哪见凡人上天堂。
奴夫错听旁人讲，
拆散夫妻两分张。
晚来耳听更锣响，
手提明灯进绣房。
奴手捞开红罗帐，
不见奴夫在牙床。
牙床美女空思想，
冷郎怎不还故乡。

儿童歌谣

　　谁都承认儿童是人生的黄金时代，他们那天真烂漫的心，活活泼泼的一举一动；在儿童的本身也许不觉得怎样快活，但对于我们——儿童时代的过来人，实在渴慕得很。可惜"光阴一去不复在"，我们只好追忆过去罢！大家不要以为儿童的生活太单纯了，其实他们那五花八门的世界比成人的世界还热闹；不过他们那神秘的诗的世界，过来人不复领略欣赏罢了。

　　个个儿童都富于好奇，创造，及模仿的天性，除非他在重病的时候，他们的身心都在一刻不停地寻求快乐的生活，他们时时做着种种游戏，一双小手时时摆弄着心爱的玩具，破盆片铜，也会成了他们的乐器，无节无拍地敲打着。尤其儿童的小嘴，无时不在哼哼着有辞有意，或有辞无意的歌曲。我们不要轻视儿童的歌曲，单调乏味，童歌中赋有诗意而声韵可诵者，亦在在多有。不过我这次采集的童谣太少了，更有价值的还多得很，正待好此者开发。

　　采集儿童歌谣是比较困难的，因为儿童的话是地道土话，外乡人不易懂。再者儿童多半害羞，对于不熟的外乡人，根本不肯说话，叫他唱歌当然不易。再者成年人多把儿童时代的歌谣忘记了，所以也不易由成人口中访问。因为这几种困难，三千多里的旅程中，谨得到以下几首童歌。

童谣

一 湘常德

> 倒唱歌，顺唱歌，
>
> 河里的石头滚上坡。
>
> 爹娶亲，我打锣，
>
> 打到家家门前过；
>
> 家家睡摇窝。
>
> 舅舅摇家婆。

二 湘沅陵

> 茉莉花，蓬蓬开，
>
> 大娘吃酒二娘筛。
>
> 大娘吃得昏昏醉，
>
> 就在二娘席上睡；
>
> 二娘骂她狗奴才，
>
> 大娘就讲：
>
> 我不是走来，
>
> 我不是船来，
>
> 我是花花轿抬来。
>
> 大哥扯大旗，
>
> 二哥放大炮，
>
> 拉拉扯扯看热闹。
>
> 看我头，狮子滚绣球。
>
> 看我项，二十四个项圈响。
>
> 看我腰，一十二个花荷包。
>
> 看我手，十个戒指花扭扭。
>
> 看我脚，三寸金莲好小脚。

三 同上

命阿命！
讨个老婆夜夜病。
长烟袋，短烟袋，
我到常德做买卖。
买卖赚的钱，
讨过白奶奶。
好吃酒，好打牌，
这个日子划不来，

四 同上

小小豆子圆又圆，
打得豆腐卖得钱；
人人说我生意小，
小小生意赚大钱。

五 湘桃源

喜老八，吃淮鸭，
一竹篙，打八只。
铜罐煮，铁筷夹。
夹到庙里敬菩萨，
菩萨见了打哈哈。

六 同上

白老鸦，乌老鸦
飞过池塘捡桃花；
梨花桃花由你捡，
无敢捡走姐姐嫁妆花。

七 湘益阳

骆驼骆驼，
骑马过河。

淹死马崽，

救得马婆。

马婆告状，

告诉和尚。

和尚念经，

告诉观音。

观音擂鼓，

告诉老虎。

老虎咬牙，

告诉虾蟆。

虾蟆伸脚，

告诉喜鹊。

喜鹊上树，

告诉班鸠，

斑鸠咕咕咕！

八　湘晃县

张打铁，李打铁，

打把剪刀送姐姐。

姐姐留我歇，

我不歇，

我回来打毛铁。

毛铁打了三斤半，

娃娃崽崽都来看。

打把锁，

锁门房，

打根链子套街坊。

九 同上

大儿大，说实话；
不扯谎，不乱骂。
二儿二，会拉锯；
锯得光，做只箱。
三儿三，不好玩；
没得事，好扯谈，
四儿四，晓得事；
不靠人，自照顾。
五儿五，常习武；
是好汉，打铁鼓。
六儿六，栽淡竹；
淡竹多，笋子足。
七儿七，学做笔；
卖了钱，买饭吃。
八儿八，喂鹅鸭，
粪肥田，肉好吃。
九儿九，善跑路；
走一天，还能受。
十儿十，把布织；
织一天，三百尺。

十 黔黄平

大月亮，大月亮，
哥哥起来学木匠。
嫂嫂起来打鞋底。
婆婆起来蒸糯米。
糯米香，
打锣打鼓接满娘。

满娘高，

要剪刀；

满娘矮，

要螃蟹；

螃蟹八只脚，

急急忙忙走下河。

十一　黔贵阳

下大雨，

下小雨，

栽黄秧，

吃白米。

十二　同上

隔河望见大水牛，

嘴含青草眼泪流；

牛哥牛哥哭什么？

我哭一年苦到头。

十三　黔平坝

包谷包来包谷包，

包谷落地要人捞，

提起锄来捞三道，

背起箩箩要包包。

十四　黔安顺

大月亮，

小月亮，

哥在街上做木匠，

嫂嫂在厨蒸糯米；

婆婆在房补裤裆。

婆婆闻到糯米香，
一屁打破二十四口缸。

十五　黔盘县

燕子燕，飞过崖；
看看你，好人才，
身穿绿缎，
脚踏花鞋，
手拿花扇，
摇动风来，
头发纽纽，
好插金钗。
不是娘家富贵，
是我前世修来。

十六　同上

赶马哥来赶马哥，
说起赶马好快乐；
白天骑在马背上，
夜晚睡在马槽脚。

十七　同上

粘谷秧来糯谷米，
三岁男人八岁妻；
养个儿子八十八，
养个女儿七十七。

十八　滇白水镇

大月亮，小月亮，
哥哥起来做木匠；
嫂嫂起来蒸糯米，
公吃碗，婆吃碗，

两个小姑两半碗，

留半碗，放灶边，

猫儿偷吃了。

公拿鞭，婆拿鞭，

打得嫂嫂喊皇天。

十九　昆明

黄果皮，黄果花，

黄果树下坐人家。

养出儿子会写字，

养出姑娘会剪花；

大姐剪朵灵芝草，

二姐剪朵牡丹花，

独有三姐不会剪，

驾起车来纺棉花。

纺得三两三，

借给哥哥讨嫂嫂。

哥哥嫂嫂心不平，

给妹妹嫁在陆家营。

想吃水，井又深，

想烧柴，山又高，

夜间听着山水响，

白天听着乌鸦声。

二十　湘晃县

豆芽菜，绿豆生，

舅舅请到堂屋坐，

舅娘请到厨房中；

一碗饭，冷冰冰，

一只筷子水淋淋。

打烂舅娘葵花碗，

一世不入舅娘门。

二十一　黔贵阳

斑鸠叫，竹鸡啼，

没娘女，受人欺；

堂屋里梳头哥哥骂，

厨房里梳头嫂嫂嫌；

嫂嫂嫂嫂莫嫌我，

耐烦待我三五年，

金漆柱头银铺阶，

轿抬马接不回来；

我要鸡生牙来马生角，

石头生草再回来。

二十二　滇蒙自

豌豆菜，绿茵茵

隔河隔水来说亲；

爹爹哭声路又远，

妈妈哭声水又深；

哥哥哭声亲妹妹，

嫂嫂哭声小妖精。

二十三　同上

萝卜辣椒姜，

老婆好纯良；

娘是路边草，

老婆真正好，

首饰插满头，

老婆赛花球。

　　　　恨兄又怨嫂，

　　　　只怕老婆跑。

二十四　昆明

　　　　红公鸡，尾巴长，

　　　　讨了老婆不认娘；

　　　　娘说话，不算数，

　　　　老婆讲话句算句；

　　　　娘要吃个糖烧饼，

　　　　他说没钱懒得理；

　　　　老婆要吃甜沙梨，

　　　　早早起来去赶墟。

以下五首歌是关于继母苛待前子的描写。

二十五　黔贵阳

　　　　小白菜，点点黄，

　　　　三岁两岁没有娘，

　　　　只好跟着爸爸过，

　　　　又怕爸爸接后娘。

　　　　接了后娘三年后，

　　　　生个弟弟比我强；

　　　　弟弟吃面我喝汤，

　　　　捧起碗来泪汪汪。

　　　　弟弟吃的白米饭，

　　　　我吃的是淘米汤；

　　　　弟弟穿的绫罗缎，

　　　　我穿的是破衣裳；

　　　　弟弟在家把书读，

> 我在山上放牛羊；
>
> 弟弟同着爸爸睡，
>
> 把我放在坑头前；
>
> 亲娘见我一阵风，
>
> 我见亲娘在梦中！
>
> 天呀！天呀！
>
> 菊花开，梅落花呀！
>
> 有娘的真好过呀！
>
> 无娘的娃子真可怜呀！

二十六　昆明

> 小白菜，地里黄，
>
> 又怕爹爹接后娘。
>
> 接了后娘三年整，
>
> 生个兄弟比我强；
>
> 他拈菜来我泡汤，
>
> 哭哭啼啼想亲娘！

二十七　湘益阳

> 老鸦子，叫聒聒，
>
> 有钱莫讨后来娘，
>
> 后来娘，没心肠，
>
> 好衣没有把我穿，
>
> 好菜没有把我尝；
>
> 一天打三"道"，
>
> 三天打九场。
>
> 眼泪还没干，
>
> 就要喊她作亲娘！
>
> ＊一天打三"道"的"道"字作"次"字讲。

二十八　滇蒙自

小白菜，满地黄

三岁四岁离开娘，

端起碗来泪汪汪，

拿起筷子想亲娘。

爹爹问我哭什么？

碗底烫得手心黄！

二十九　同上

小白菜，满地黄，

人家有娘我没娘！

娶个后娘二十五，

领个兄弟叫孟良。

兄弟吃的方方肉，

没娘孩子吃肉汤。

三十　广西

张打铁，李打铁，

打把剪刀送姐姐；

姐姐留我歇，

我不歇，

我要去，学打铁。

张来看，李来看，

我不是个打铁汉。

张妈妈，李妈妈，

你在后园进什么？

我在后园摘桃花。

桃花梨花由你采，

你莫摘我镜子花。

镜子高头一点油，

照着妹子好梳头。

大姐梳个盘龙凤，

二姐梳个凤凰头。

只有三姐不会梳，

拿起梳子滚绣球。

一滚滚到阴沟里，

塞得阴沟水不流。

三十一　同上

月亮爸爸，

踩着瓦磕；

一跤跌倒，

怪我打他。

回去告诉妈妈，

妈妈不在屋，

跑到门后哭。

* 以上两首童谣，是一位广西籍的同学告诉我的，除了谢谢这位同学之外，并声明这两首歌不是亲身到广西采集的。

抗日歌谣

　　抗战的呼声，动荡到了全国的每个角落。就是万山重叠，交通阻塞的西南各省的民众，也感到了敌人的可恨。因之成于心而形于言，他们那抗日的情绪，吟成了不少的抗战歌曲。

　　乡下的老百姓，当然没有音乐家作谱作歌的知识；所以我们所唱的歌，与学校里军队里所唱的抗战歌曲，大不相同；因为西南乡民是惯于唱山歌的，他们自然而然地把抗日的情绪，用山歌的格调表露出来。这样的歌，自然不像文人音乐家作的歌曲，辞句音调免不了粗俗些，不过惟其如此，我们才可以窥探出一般民众对于抗战的认识，及忿慨的情绪；惟其民歌词意粗浅，音节简单，才易懂晚唱，易于普遍。比起我们到民间宣传时，所唱的民众听不懂的歌曲，收效还大得多呢。所以说山歌的粗俗，正是它的价值所在。如此才合民众的口味。

　　以下所采录的抗日民歌，由其词意来判断，无疑的有许多确出自乡民之口。有数首很像被访问的中小学学生自己编的。无论怎样，他们是充满了爱国的热诚。又套用的山歌的格调，自然也有使大家过目的价值。

一 黔黄平

打日本，打日本，
不打日本不安枕；
他是我们大敌人，
想把中国一口吞。
要想救国图生存，
非把日本不得行。

二 同上

拿起线来抽起针，
想起前线作战人；
不绣鸳鸯和蝴蝶，
替他缝件棉背心。
一件一件棉背心，
也表爱国一分情，
愿身化为棉和絮，
与我战士同寒温。

三 同上

抗战！抗战！
抗战到底！
有枪拿枪，
有笔拿笔。
四万万人一条心。
驱逐敌人，
收复失地。

四 同上

男女同胞快起来，
齐穿武装救中国；

各拿刀枪上前线，

不惜牺牲于沙场。

只要大家心一条，

何惧野蛮的日本。

冒着炮火齐前进，

踏破东京方回还。

五　黔贵定

时世迁移乱纷纷，

我夫定必去当兵；

惟愿我夫前方去，

铲除日本鬼子们。

六　湘常德

姐在房中闷闷沉沉，

忽听门外来调兵，

不知调哪营；

一呀呀，多喊喊，

不知调哪营。

一十八省都不调，

单调我武汉得胜军，

一般好学生；

一呀呀，多喊喊，

一般好学生。

大的不过二十正，

小的不过十八春，

一般好年轻；

一呀呀，多喊喊，

一般好年轻。

他的队伍多齐整，

操得实在精,

打仗住前行；

一呀呀，多喊喊，

打仗往前行。

左手拿的花皮条，

右手挂的指挥刀，

口中喊洋操；

一呀呀，多喊喊，

口中喊洋操。

身上背着几排子，

右边摆的盒子炮，

明天去打仗；

一呀呀，多喊喊，

明天去打仗。

湖南湖北都不打，

单打日本东洋人，

他是矮子兵；

一呀呀，多喊喊，

他是矮子兵。

吃菜要吃白菜心，

投营要投得胜军。

莫投矮子兵！

一呀呀，多喊喊，

莫投倭奴兵！

* 这首《调兵歌》，十足代表乡农的见识及口吻，有许多话说的怪好笑的，实在不符当前的情势，不过为了保持民歌的本来面目，故一句一字都不愿有所更改。

七　湘沅陵

《打东洋》

别的且不说，

列位你听着：

兴汉灭满人安乐，

唱本亡日歌。

反正到如今，

世界定太平；

中国能人多得很，

又练国民军。

绘起地理图，

各省修站路，

火车装人无其数，

风雨不停留。

火车真奇巧，

果然兴得好，

机器一动自己跑，

狗都赶不到。

汽车行得急，

快如鸟儿飞，

一天能走千多里，

悬空有飞机。

飞机飞得高，

好比鹰和鸟。

各省又把枪炮造，

保全我同胞。

水有快轮船，

能装人万千；

哪怕路隔千万里，
快信有电报。
中国能人多，
小小日本动战火，
平地起风波。
中国地方大，
哪个也不怕；
日本好比井中蛙，
怎得胆怕他。
倭奴多作怪，
狼心狗肺胎，
满清贪官敲诈拐，
勾引中国来。
自到中国地，
通商做生意，
不凭本钱和交易，
凭着用鬼计，
洋人鬼计多，
卖的怪家伙。
他爱我国米麦窝，
想破后脑壳。
打倒日本人，
军民都齐心；
各省督军下大令；
倭奴活不成。
全体来商议，
与他绝交际，
见他百货抵制起，

这才是正理。

抵制日本货，

倭奴断生活，

这种妙计胜诸葛。

民众且安乐。

惟有东三地，

百姓着了急，

吉林黑龙江先起，

打倒日本帝。

日本要打倒，

中国才得好，

强占我国□[12] 不饶，

主席马占山，

他的胆量宽，

孤单抵抗好大胆，

一人万副担。

孤单先抵抗。

联络接后方，

各省兴兵前抵挡，

日本着了忙。

中日把兵斗，

倭奴遭劫灾，

中国全省斗三海，

稳坐钓鱼台。

日本兴动兵，

天运大不幸，

天降能人灭倭人，

---

[12] 旧版此处字残缺，未能查明，只得阙如。

方可托成功。
师长主意妙，
敌人中圈套。
山海关外大炮，
打死人多少，
倭奴死的多，
尸骨如山血成河。
我国齐唱太平歌，
军民都安乐。
师长冯玉祥，
兴兵打后方；
各省军队前抵挡，
倭奴着了忙。
飞艇几十架，
他也难招架，
枪炮子弹往下打，
吓得胆战麻。
打死人无数，
尸骨堆荒垆。
中国全军扎海口，
确定灭倭奴。
我国军队多，
兵士斗山河，
师长督军齐联络，
倭奴难逃脱。
哪怕倭奴怪，
这边遭大害，
国家运兴扭转来，

想快有多快，

民众乐心怀。

中国人民多，

各省有联络，

中日交战无结果，

倭奴命难活。

各省出榜文，

打倒日本人。

这回兴兵严令紧，

即刻不留停，

追赶出关外，

禁止我国来，

中国自此除祸害，

民众乐心怀。

上海兵船上，

尽是中国人，

各处关口扎得稳，

哪怕日本人；

哪怕日本兵，

他国少人民，

我国同胞多得很，

各国都欢迎。

日本倭奴拐，

这回难下台，

连打几仗遭大败，

中国乐心怀。

中国得了胜，

全军转回营；

军民全体多庆幸，
民国乐太平。

八　黔贵阳

送郎送到门外头，
郎的眼睛大如牛；
问郎在恨哪一个，
恨的日本贼骨头。

九　黔关索岭

蚂蚁上树节节高，
有心抗日不怕刀；
有心抗日拼上死，
你死我活两开交。

十　同上

日本倭奴你莫作，
来打中国不要活；
有朝一日你懊悔，
自搬石头自打脚。

十一　同上

野火烧山遍地光，
日本强盗太猖狂；
夺我东西还不够，
一心要想全锅汤。

十二　滇沾益

三月里来百花香，
含泪送哥上战场；
摘朵鲜花给哥戴，
好比小妹在身旁。

十三 同上

月亮出来月亮黄，

日本鬼子好猖狂；

与其望着来等死，

不如送郎到战场。

十四 同上

三月里来麦子黄，

家家户户正农忙；

只望今年收成好，

哪知北方进虎狼。

十五 滇师宗

正月里来是新春，

日本鬼子又出兵；

占了沈阳心不足，

占了北平不甘心。

十六 同上

蚂蚁上树节节高，

有心抗日不怕刀；

有朝一日刀上过，

人头落地两开交，

十七 滇杨林镇

倭寇骚扰中国境，

夺去一省又一省；

中国有了团结心，

一致扑灭日本人。

十八 同上

月亮出月亮明，

日本攻我南京城；

中国人民应团结，
一致打倒日本军。

十九 昆明

《送郎出征抗日歌》

一送我郎去出征，
走马扬鞭快起程；
后方事务莫顾念，
对内对外有奴身。
堂上父母奴孝敬，
家中田产我管耕，
望你放心休挂念，
挂念家庭非军人。

二送我郎出昆明，
一路之上要小心；
凉水生物莫乱吃，
枪枝子弹莫离身。
见着长官要恭顺，
见着兄弟要相亲；
对待人民要和善，
采买东西要公平。

三送我郎出云南，
云南有个胜景关；
胜景景致虽然好，
奉劝我郎莫留连。
因为倭奴太无理，
杀害同胞万万千。

前人方民朝日望，
早到一天好一天。

四送我郎到贵阳，
贵阳省城好风光；
野草闲花休要采，
纸烟鸦片切莫尝。
赌博场中莫去望；
诸事退让莫逞强；
军风军纪当注意，
违犯纪律怕挨枪。

五送我郎到长沙，
到了长沙休想家；
军中就是家庭样，
上官一样像爹妈。
身上刺刀当磨亮，
背上刺刀要常擦；
擦好枪枝好命中，
磨亮刺刀好厮杀。

六送我郎到北边，
北平文化几千年；
东洋鬼子疯魔样，
杀我同胞抢我钱。
良家妇女遭蹂躏，
华美房屋被火焰；

努力杀到前方去，
夺回我国领土权。

七送我郎到前方，
前方敌人太猖狂；
望郎跑到前线去，
到了前线上战场。
上了战场要镇静，
看见敌人莫张皇；
休怕飞机和炸弹，
休怕大炮机关枪。

八送郎来上战场，
敌人来时就放枪；
我们士气比他旺，
我们技术比他强。
一个杀他几百个，
十个杀他几千双；
哪怕敌人千和万，
不值一战就杀光。

九送郎君到关东，
看见敌人莫放松；
敌若进时我防守，
敌若守时我进攻。
奋勇直进是好汉，
再接再厉真英雄；
为国牺牲有价值，
生也荣来死也荣。

十送郎君到扶桑，

收复东北过东洋；

失地未复不回转，

日寇不灭莫还乡。

要与民族共生死，

须同国家共存亡；

待等凯旋归来日，

千秋万世姓名香。

* 这首《送郎出征抗日歌》，是我在贵阳往清镇的途中拾得的。这本来是张印刷品，我们看这首歌的格调，很像此地山歌，不过由歌中的内容，可以断定这并不是乡民的作品。我的揣想是当一部滇军北上抗日时，大概由救亡团体或文化机关，模仿山歌的格调，以贤妻送夫出征的口吻作成了这首送郎出征抗日歌。一来作为对出征将士的欢送词，二来对出征将士各方面的叮咛及鼓励。作者既熟民众的心理，思想也很周到。实在有采录的价值。再者，这首歌也是这个大时代所激成的产物，也可作为这个大时代的纪念品。

采茶歌

一　贵阳

正月采茶正月正，
采茶唱歌来开心；
长江后浪催前浪，
世上新人攒旧人。

二月采茶是春分，
采茶娘子出绣帷；
逢人且说三分话，
未可全抛一片心。

三月采茶三月三，
采茶娘子上高山；
自古贤妻夫祸少，
古来子孝父心宽。

四月采茶麦刁黄，
有子须当送学堂；

大家礼义教子弟，
小家凶恶教儿郎。

五月采茶五月五，
采茶娘子受孤苦；
茫茫四海人无数，
哪个男子是丈夫。

六月采茶热难当，
采茶娘子真惨伤；
画水无风空作浪，
绣花虽好不见香。

七月采茶七月七，
采茶娘子泪悲啼；
父母恩深终有别，
夫妻义重也分离。

八月采茶桂花香，
采茶娘子喜洋洋；
秋到满山多秀色，
春来无处不花香。

九月采茶九月九，
我劝娘子不用愁；
儿孙自有儿孙福，
莫给儿孙做马牛。

十月采茶要立冬，
我劝娘子嫁老公；
月到十五光明亮，
人到中年万事休。

冬月采茶风雨飘，
娘子行路心内焦；
入山不怕伤人虎，
只怕人情两面刀。

腊月采茶又一年，
天下人人敬祖先；
不求金玉重重贵，
但愿子孙个个贤。

二 同上

正月采茶是新春，
古往今来个个兴；
近水楼台先得月，
向阳花木早逢春。

二月采茶谷下田，
勤耕苦读古人题；
一年之计在于春，
一日之计在于寅。

三月采茶满山青，
奉劝世人都要勤；

有田不耕仓廪空，
有书不读子孙蠢。

四月采茶是立夏，
庄家老儿不要夸；
池塘积水为防旱，
田地耕深足养家。

五月采茶是端阳，
我笑世人空自忙；
富贵定要守本分，
贫穷不必枉思量。

六月采茶热炎炎，
为人要正心莫偏；
用心计较般般错，
退步思量事事宽。

七月采茶秋风凉，
一日春工十日忙；
一生之计在于勤，
十日春工半年粮。

八月采茶是中秋，
贫穷自在富贵愁；
留得五湖明月在，
不愁无处下钓钩。

九月采茶是重阳，
美女花台巧梳妆；
非亲却是须当敬，
是戚无情世莫交。

十月采茶小阳春，
几句良言道得真；
父子和睦家不退，
弟兄和气家不分。

冬月采茶须要忍，
人无远虑有近忧；
烦恼皆因强出头，
是非只是多开口。

腊月采茶又一年，
茶歌作得有根源；
知音说与知音听，
不是知音不与谈。

三 同上

正月采茶是新年，
茶歌作得有根源；
三教共议封神卷，
纣王无道失乾坤。

二月采茶花叶青，
女娲庙内把香焚；

风吹珠帘现美像，
昏君一见起淫心。

三月采茶是清明，
粉壁墙上把诗吟；
女娲圣母心恼怒，
此时扯出招妖旗。

四月采茶麦刁黄，
冀州苏护是忠臣；
所生一女名妲已，
奸臣奏本献朝廷。

五月采茶是端阳，
苏护献美入朝纲；
恩州管仲遇妖怪，
变为妲已美无双。

六月采茶热忙忙，
妲已入朝乱纲常；
纣王宠爱苏妲已，
多少忠臣莫下场。

七月采茶秋风凉，
想起比干挖心亡；
梅伯谏本炮烙死，
费尤二人作主张。

八月采茶是中秋，
纣王江山从此休；
不理朝纲贪酒色，
铁统江山一旦丢。

九月采茶是重阳，
文武议论在朝堂；
终南有个云中子，
松木宝剑进昏王。

十月采茶是立冬，
朝歌城内妖气凶；
昏君不识松木剑，
妲已将剑化火中。

冬月采茶雪飞飞，
昏君专听妲已言；
千万本章不准见，
殷家总死在金銮。

腊月采茶又一年，
粉宫刺客是姜桓；
费尤来把连环现，
惨死皇后命归天。

四 同上

《封神采茶二节》

正月采茶正月正，
可恨纣王那昏君；
杀子诛妻宠妲已，
斩草除根方遂心。

二月采茶谷下种，
追杀殷郊与殷洪；
广成赤金救太子，
祭念太岁五谷神。

三月采茶是清明，
文王八卦果然灵；
先知七载囚羑郡，
灾难满了坐朝廷。

四月采茶叶叶黄，
姬昌燕山遇妖风；
山崩地裂现吉凶，
兴周灭纣建奇功。

五月采茶是端阳，
冲天神数真妙方；
九十九子少一个，
燕山雷震足一百。

六月采茶热忙忙，
崇禹枭首午门墙；
桓楚用计定手足，
二人乱刀碎身亡。

七月采茶七月半，
东南二子起狼烟；
游魂关前姜文换，
鄂顺兵取山海关。

八月采茶八月八，
陈塘门生李哪吒；
李靖不知麟儿降，
乾坤火轮付他掌。

九月采茶九月九，
哪吒无事江边走；
九湾滩前遇水兵，
龙王太子死他手。

十月采茶三阳春，
李靖一气怒气生；
吸月餐星灵魂转，
后保周朝万万年。

冬月采茶凉徐徐，
太乙真人收石矶；

哪吒错放震天箭，
碧云童子命归西。

腊月采茶一月满，
我今作歌不落款；
众位明公休要笑，
我们特意来领教。

民　怨

一　黔贵阳

做工做到十几天，
家中没有半文钱。
妻子儿女难度过，
区长还要抽皮鞭。

二　同上

背米背柴城中卖，
卖得一角又五仙。
县长老爷要一块，
说是派的满门捐。

三　黔平坝

清晨老早去稻田。
直到晌午才得还。
家家都说收成好，
运米城中不值钱。

四　滇沾益

日头落坡天发红，
为儿为女来卖工，

一日三餐无余钱，
日头不落不放工。

五　滇陆良

四月里来栽早秧，
计算七月稻子黄；
手拿秧把暗喜欢，
少付地主一月粮。

六　同上

陆良有个郭家乡，
人民生活苦不堪。
询来缘故怎么样，
因受地虎大剥攘。
*"地虎"即土豪地痞。

七　滇曲靖

正月里来是新年，
政府起意丈量田。
九分就要量一亩，
一亩就要八毫钱。
八毫还是做正款，
又要三仙印花钱。
细账不可来打算，
哪县不要几万钱。

二月里来是春分，
政府起意修路程。
各州府县下命令，
抽了多少老百姓。

好田好地通直过，
不管房产并祖茔。
若有哪个不应允，
官处王法不容情。

三月里来是清明，
老小农民动工程。
挑的挑来挖的挖，
处处修得一样平。
高山头上挖成槽，
河沟修成大桥行。
又出钱来又出米，
坑死多少百姓们。

四月里来正栽秧，
田上地下一齐荒。
工程师来先传令，
人民大家听端详。
田地荒了是小事，
公路耽误事难当。
若有哪个违误了，
区乡间邻又遭殃。

五月里来是端阳，
人民摧在公路上。
富的做工不要紧，
穷的做工哪个不心慌。

不料天气遭大旱，
长流河水也不淌。
山中树木自落叶，
五谷杂粮尽吃光。

六月里来大半年，
只筑工程不卖钱。
离开家乡数百里，
害得百姓不团圆。
哪个人民不受苦，
又出夫来又出钱，
人民想来真伤惨。
日日夜夜泪涟涟！

七月里来正立秋，
催去人民挑石头。
白日挑的不算账，
夜里又要铺石头。
城外百姓胆子小，
挨死挨活苦到头。
城区百姓会打算，
把路包给军队修。

八月里来八月八，
人民想了难挣扎；
白日做的从不计，
夜间不做就要罚。
只要许他几块钱，

闭了眼睛不管他。
指导若是不得钱，
又要骂来又要打。

九月里来是重阳，
人民催在公路上。
又修公路又领照，
人民敲得改模样。
曲靖有个康县长，
未使人民遭大殃。
民众大家将恩报，
送了德政转故乡。

十月里来十月到，
政府主义打得高。
再把洋烟来断定，
断了洋烟卖公膏。
公膏每月加一次，
敲得人民好悲凄，
哪个不叫苦中苦，
哪个人民不再吸。

冬月里来冬月冬，
催了人民去做工。
白天一天苦到晚，
夜间还做三点钟。
哪个人民不受苦，
哪家屋子不敲空，

人民直喊苦中苦，
周览团来又加工。

腊月里来正一年，
人民不得去过年；
公路修了不成事，
哪个手中有文钱。
香烛纸蜡无半点，
哪个夫妻得团圆。
有人得志又得钱，
苦了天下庄稼汉！

八　滇曲靖

正月里来正月正，
一根电线通曲靖；
打电只要几分钟，
坐车只要一早晨。

二月里来二月八，
派些农民把路挖；
挖掉多少大板锄，
公家发下洋娃娃。

三月里来是清明，
洋路修通曲靖城；
只见百姓来修路，
坐车还是有钱人。

四月里来四月八，
派些百姓把路修；
挖了多少乱坟园，
掘了多少乱骨头。

五月里来是端阳，
这道门户真难当；
出了多少冤枉钱，
公家又来把田量。

六月里来六月六，
派些百姓修车路；
修路出工又出钱，
官家又来收积谷。

七月里来七月半，
百姓积谷要百担；
百担积谷还不算，
官家又来把烟断。

八月里来是中秋，
旗子插在田里头。
有钱人家出几百，
旗子插在别一坵。
*这首歌中的"旗子"是量地的标记。

九月里来是重阳，
主官住在石嘴上；
主官出来把话讲，
明讲出来把路量。

十月里来十月朝，
不知洋路修得高。
不知洋路几时讫。
人民才算有欢喜。

冬月里来冬月冬，
旗子插在田当中；
要教主儿莫多说，
一说多了枪筒冲。

腊月里来一年周，
农民苦到一年头；
年轻人儿不要紧，
害死多少老年人。

九 黔黄平

六月里来天气热，
农人苦得了不得；
脸朝黄土背朝天，
天旱只种菽和麦。

十　滇沾益

田里大麦青又青，

庄主提枪敲百姓；

大麦只怕天气旱，

庄主只怕老红军。

十一　同上

北风刮来冷悠悠，

这回修路受克扣；

技师指挥去盖土，

还要逼民洗石头。

可怜老命不值钱，

饥寒冷热没有头。

十二　同上

太阳出来太阳红，

照着穷人去卖工；

一天卖得六十文，

太阳不落不散工。

杂 类

一 黔贵阳

　　一张白纸飘过街，
　　哪个读书哪个乖；
　　人人读书做官去，
　　丢下秧田哪个栽。

二 同上

　　爬了一关又一关，
　　伸手擦汗汗不干；
　　守着花园打瞌睡，
　　祖坟埋在瞌睡山。

三 同上

　　檐前喜鹊叫喳喳，
　　听得情歌又转家；
　　开开大门不见你，
　　王八乌龟爱哄咱。

四 黔平坝

　　白天起来望郎回，
　　晚上睡下望郎归；

再等三年不回转，
帽子绿来变乌龟。

五　同上

斑鸠过河咕咕咕，
哪有舅子打姐夫；
哪天姐夫得官做，
拿你舅子当轿夫。

六　同上

唱歌莫唱骂人歌，
豺狗不拉豹子拖；
这边崖头挂心肝，
那边崖头挂脑壳。

七　黔安顺

山歌不唱半年多，
何会记得一首歌；
三朋四友来遇到，
先说苦情后唱歌。

八　同上

不要焦来不要焦，
得过一朝且一朝；
天上乌云也会散，
河水潮天也会消。

九　同上

蜜蜂翅膀薄又薄，
一翅飞到九层坡；
蜘蛛扯丝来阻路，
捆死蜜蜂在半坡。

苍蝇翅膀尖又尖，

一翅想到九重天；

可恨蜘蛛扯丝线，

捆死苍蝇在半天。

十　同上

县长本姓陈，

求雨反求情；

推开纱窗望，

——月明。

一出小井坎，

有个老不管；

卖的是馄饨，

——小盌。

* 以上两首是一个师范学生告诉我的，名"三句半"，亦名"十七字诗"，这是文人的笔墨游戏，算不了民歌。但这意外的收集，不忍割爱，故仍录之。

十一　黔安南

十七十八一枝花，

二十四五到婆家；

三十四五做爹妈，

六十七十回老家。

十二　黔关索岭

月亮不明星宿明，

一个不行一个行；

良心不会都死尽，

总有几个大方人。

十三　同上

> 你唱的歌是我的，
> 我从云南带来的；
> 我在河边打瞌睡，
> 你从我荷包偷去的。

十四　湘桃源

> 去时梅花开，
> 转眼梅子黄。
> 伸手摘个梅子尝，
> 眼泪汪汪挂着娘，
> 娘挂女儿真心挂，
> 女儿挂娘路难行。

十五　黔黄平

> 田歌好唱口难开，
> 瓜果好吃树难栽；
> 诸位今日衣食住，
> 没有农人何处来。

十六　黔安南

> 吃顿少午得半天，
> 过了六月正半年；
> 年年有个七月半，
> 半年辛苦半年闲。

十七　滇曲靖

> 可怜可怜真可怜，
> 手中没有半文钱；
> 去年杀猪来吃酒，
> 今年炒菜就没盐。

十八 同上

> 凡事只怕敌人来，
> 杨柳只怕风来摆；
> 当官只怕冤枉事，
> 当差只怕出游牌。

十九 同上

> 星宿出来稀又稀，
> 莫笑穷人穿破衣；
> 哪年哪月时运转，
> 脱了破衣换绸衣。

> 星宿出来排对排，
> 莫笑穷人穿草鞋；
> 哪年哪月时运转，
> 白布袜子镶边鞋。

二十 同上

> 大田栽秧水又深，
> 秧把落田水生纹；
> 各自捡起秧把来，
> 急急忙忙往前行。

二十一 同上

> 山歌不唱忘记多，
> 大路不走草成棵；
> 快刀不磨黄锈起，
> 胸膛不挺背要驼。

二十二　同上

唱个山歌难起头，

铁匠难打铁绣球；

石匠难打石狮子，

木匠难建三重楼。

二十三　同上

天要下雨白云起，

不读诗书穿破衣；

十个指头有长短，

山中树木有高低。

二十四　同上

月亮出来月亮明，

照着云南白果林；

白果开花无人见，

烂木搭桥暗伤人。

二十五　同上

太阳出来三丈三，

照着云南普家山；

好玩不过东山寺，

热闹不过三月三。

二十六　同上

老鸦打仗在黑林，

莫拿大话来吓人；

这条板凳够跑马，

一根柴枝够扎营。

二十七　滇平彝

十七十八爱唱歌，

二十四五事情多；

欢乐日子不得过，

困穷日子又增多。

二十八　同上

声气不好要吃药，

要吃茴香配八角；

茴香吃了声气好，

八角吃了声气合。

二十九　同上

天上星多月不明，

地下坑多路不平；

河中鱼多搅濯水，

世上官多不太平。

三十　滇杨林镇

十七十八爱唱歌，

拿着扁担爬上坡；

爬到山头唱个歌，

丢下扁担再做活。

三十一　同上

天要下雨慢慢来，

棕衣篾帽未带来；

棕衣还在棕树上，

篾帽还在紫竹街。

三十二　同上

十七十八爱唱歌，

二十四五事情多；

　　　　三十四五当家主，

　　　　哪有闲心唱山歌。

三十三　滇板桥镇

　　　　马瘦毛长要打鬃，

　　　　人不得时要用功；

　　　　铜盆烂了斤两在，

　　　　哪个男儿世世穷。

三十四　同上

　　　　新来阳雀奔大山，

　　　　新来鲤鱼奔大湾；

　　　　新来徒弟无奔处，

　　　　投奔师傅做靠山。

三十五　同上

　　　　冷又冷来僵又僵，

　　　　一层露来一层霜；

　　　　只喜冷处逃热处，

　　　　哪妨雪上又加霜。

三十六　同上

　　　　天要下雨天要晴，

　　　　瘦马拉在青草坪；

　　　　马不吃草怪马瘦，

　　　　郎不读书怪家穷。

三十七　同上

　　　　五月里来是端阳，

　　　　家家户户忙插秧；

　　　　大大小小把秧插，

　　　　心中只想黄金粮。

三十八 同上

> 高山放马啃地皮，
>
> 那些山歌最稀奇；
>
> 唱在山中药死草，
>
> 唱在水中药死鱼。

三十九 同上

> 星宿出来如珍珠，
>
> 家家过年要杀猪；
>
> 有钱之人杀大猪，
>
> 无钱之人流泪珠。

四十 同上

> 大河涨水沙冲沙，
>
> 家家户户养娃娃；
>
> 有钱之人请奶妈，
>
> 无钱之人少养他。

四十一 昆明

> 贵州篾帽四股绳，
>
> 买顶篾帽要出门；
>
> 爹妈问你几时转，
>
> 只由路来不由人。

四十二 同上

> 吃口烟来要做活，
>
> 莫叫主人找话说；
>
> 闲言骂语说两句，
>
> 一天到晚心不乐。

四十三 同上

> 太阳出来白又白，
>
> 变了颜色为青色；

中国国旗变了色，
自从清朝转民国。

月亮出来白又白，
光明月亮被云遮；
黑云被风吹散了，
变成光明是民国。

四十四　同上

新建房屋会漏雨，
新建民国不安居；
安乐朝代过去了，
直到何日出皇帝。

四十五　滇平彝

打个呵欠烟瘾发，
四肢无力难挣扎；
三口洋烟吃下肚，
抵得蜜蜂采鲜花。

四十六　同上

洋烟开花口像勺，
劝哥不要把烟学；
吃了洋烟得坏病，
死在床上难伸脚。

四十七　同上

洋烟开花一朵朵，
教哥莫把洋烟学；
吃坏多少好小伙，
玩坏多少少年婆。

洋烟开花一朵朵，

吸上瘾来退不脱；

不是爹娘惯倒你，

自搬石头打自脚。

四十八　黔盘县

洋烟开花口朝天，

悖时倒运吹洋烟；

吹了洋烟学狗叫，

睡在床上学狗蜷。

四十九　黔安顺

洋烟开花不多高，

望到栽来望到好；

小的时候倒好耍，

大的时候要着刀。

五十　同上

洋烟开花一朵朵，

生在云南大坡脚；

不吃之时倒好耍，

吃到之时丢不脱。

五十一　同上

鸦片烟来花朵朵，

十个吹来九个着；

十个吹来九个病，

等不到老见阎罗。

五十二　黔盘县

鸦片烟来黄生生，

牛角盒子玻璃灯；

怀里抱着哭丧棒，

手里拿起点主针。

五十三　黔普安

鸦片烟来沾朵朵，

老的吹烟小的学；

学来学去学上瘾，

自搬石头打自脚。

五十四　同上

吃烟要吃云南烟，

切掉两头吃中间；

好烟越吃越有味，

好花越戴越新鲜。

到过西南各省的人，都知道西南民众，特别迷信，村头路旁到处可以看见一座座的庙堂或庵子，晚间或正午的时候，家家门口，都燃着香，处处弥漫着香烟及焚纸箔的气息，在在可以证明他们深信鬼神。这里有几首民歌也能代表此地一般迷信的风气。

五十五　湘晃县

一人两个身，

一假一个真。

假身血肉体，

真身是灵魂。

肉身不长永，

不过几时春。

一朝把命尽，

埋葬在土坑。

皮肉齐烂尽，
臭气不堪闻。
灵魂能永久，
生死死又生。
行善成仙圣，
也是灵魂身。
作恶变六畜，
还是真灵魂。
世人真愚蠢，
假体为真人。
利己把人损，
待罪有千层。
不知修善本，
害了真灵魂。
无常来取命，
真假两离分。
冥王把命定，
难逃地狱坑。
假体害真体，
永世失人身。
我今来提醒，
恐尔不能明。
再说一比喻，
人死如梦魂。
梦魂不识体，
醒不认梦魂。
人死把命尽，
就是这情形。

奉劝众公等，

行善全五伦。

借假把功挣，

度脱真灵魂。

寿满神出顶，

逍遥上天庭。

不受诸苦趣，

不到地狱门。

比你血肉体，

高过几百层。

功大为仙圣，

去来驾彩云。

五十六　湘晃县

妄念欲除除不清，

今欲纸上写分明；

妄言妄语齐除尽，

妄想妄贪俱扫平；

妄接银钱手爪断，

妄贪饮食嘴生疗。

时刻捡点身边事，

莫教七情六欲生。

五十七　贵阳

道贯真，下凡来，

哈哈大笑，

适才间，王母殿，

去赴蟠桃。

琼浆酒，醉得我，

颠颠倒倒。

伴王母，下红尘，
来走一遭。
见世上，男和女，
迷了七窍。
为酒色，和财气，
路错千条。
有为儿，有为女，
吵吵闹闹；
全不知，修真路，
快乐逍遥。
耗散了，精气神，
身中三宝；
因此上，发病患，
妙药难疗。
年少人，被色迷，
东跑西跑；
中年人，抚儿女，
受尽波涛；
年老人，气血枯，
精神减少；
只能说，不能行，
受尽煎熬。
见几个，有儿女，
将他孝道；
有病痛，难替得，
一丝一毫。
见几个，忤逆儿，
全不敬孝。

愁得那，老年人，
不得开交。
抚儿女，到老来，
反把气讨。
有多少，气得来，
眼泪双抛。
这就是，红尘的，
圈圈套套。
尘世上，众迷人，
个个难逃。
有一朝，阳数满，
冥王发票；
空起手，带了罪，
去到阴曹。
有儿女，虽然在，
披麻带孝。
哪一个，思念你，
养育功劳。
阎君爷，将你的，
善恶查考；
善事少，恶事多，
刑罚难逃。
那时节，方晓得，
为善方好。
才晓得，为名利，
事事徒劳。
劝世人，早看破，
修积宜早。

莫要在，红尘地，
混过终朝。
常言道，各人事，
各人去料。
多积善，少积财，
才算贤家。
还是要，善功大，
后来才好；
胜进那，积银钱，
百倍高超。
功程大，遇明师，
指点玄妙。
练九还，和七返，
得赴蟠桃。
纵容是，功德小，
可成神道。
阳寿满，受敕封，
早早修造。
行善事，生快乐，
死上天曹。
谈不尽，行善人，
后来美报。
离红尘，现出了，
霞光万道。
有贫道，在空中，
大放彩毫。
观青山，看绿水，
快乐滔滔。

　　上面这篇不知"何以名之"的文字，是在贵阳采录的。四月三日在贵阳一个街头的茶馆旁边，见一群男女，围着两个非僧非道而似乡下念过《四书》的老者，好奇心也使我挤入人群中。目的是要看看这两个老头儿卖的是什么药，后来才知他俩既不卖药，也不卖卜，而是一唱一和地哼哼着上面的歌词，称为"歌"也许不对罢！不过笔者既未入僧道之门，也不知道这类的东西应称"经"称"佛"或另外的名词（有人疑为是"道情"）。

　　这两位老头儿的面孔很严肃。声调沉抑悲切，在场男女多低首静听，似乎深受感动。余当时尚不辨其辞意（因彼操黔土语），幸为时不久，即停唱休息。余见桌上有善书一册，上面所采录者，即书中开宗明义第一篇，因其能感动听众，故录之。

　　这篇东西，词句流利易懂，且音调和谐，易于吟唱，而其情节，容易感动无知的老百姓，我想西南各省的民众，迷信如此之深，也许受此影响。所以采录此文，并非开倒车，蓄意宣传迷信，只是为的研究西南民俗者，多一种参考而已。

总 结

这次采集的民间歌谣，本来有一千多首，不过有些太粗俗乏味，有些词意近于淫秽，怕一般人不能谅解，认为有伤大雅，还有些刻本篇幅太长了，结果不得不删掉。仅将有文学价值的或能代表一地方风俗民情的，摘录七百五十三首，其中包括：

情歌	六百三十首
童谣	三十一首
抗战歌谣	十九首
采茶歌	四首
民怨	十二首
杂类	五十七首

这七百五十三首歌谣中，情歌即有六百三十首，几占百分之九十。由此可见两性问题在人类生活中的重要性。

附录　苗歌

　　在这次采集民歌的过程中，抱着最大的希望，而结果最感失望的，就是搜集苗歌的工作。在湘黔滇三省的旅程中，自湖南晃县，一直到昆明再到蒙自，到处都可看见苗家同胞，经过了许多住有苗家的城镇村落。并且在黄平的皎沙村，在炉山县城，都曾与苗家举行过联欢会，请他们歌舞多次。再者一路山坡田畔也常听到一声两声的苗歌。可是因为语言不通，不易探访采录，所以在三千多里的旅途中，仅得苗歌两首，但是这并不能说苗歌根本就少。苗家唱歌是很普遍的。可说苗胞男女没有一个不会唱歌的，除非他是哑子。因为唱歌是他们男女恋爱的媒介。他们的"跳月"，即足以证明他们以歌舞择配佳偶的风气。再者这次采录的千百首民歌中，有许多首虽系用汉语组成，而歌中所流露的风俗，很似苗歌，这大概受苗歌的影响，也许根本就是汉化的苗胞作的。总之由各方面观察苗家是最爱唱歌的，但因言语不通，只采得以下两首。

一 黔黄平　　　　　　　　　译意

女：

达学达良达　　　　　　　情郎你来了请坐，

却却外不掉　　　　　　　既来了不要再走了。

男：

啊达立呔波　　　　　　　我不来时很想你，

塔波格拉伊　　　　　　　可是来了又没有话说。

这首歌是自黄平到重安江途中，一位护送我们的武装同志唱的，他是黄平的青苗，但是汉话说得很好，唱罢又用汉语解释给我们听，一路唱了数首，因赶路未及录下。

二 黔炉山县　　　　　　　　译意

良哒遂下功　　　　　　　晨兴无事心闷烦，

好耶欺噢拜　　　　　　　吃烟也须费金钱；

啦达噢盖赛　　　　　　　请你来此谈征战，

东格拜宁潭　　　　　　　桥上作战尸如山。

脱手盖少佛　　　　　　　桥下征夫将枪刺，

噶久希休呢　　　　　　　桥上敌人归黄泉。

勾叫哒阿松　　　　　　　征战罢休在目前，

阿盖牙盖呢　　　　　　　桥上剩个冯氏公。

阿盖牙盖佛　　　　　　　桥下剩个钱氏公，

亚俄啦廷浓　　　　　　　日至夕矣罢征战。

这首苗歌是在炉山县城区小学的一位苗家小学生告诉我的。

　　下面是马蜀原先生采录的。与上面的苗歌词意极相似，大概是一首歌，所不同的地方，也许是歌者的错误，也许编者记错了。马先生对于语言学颇有研究，关于考察工作，向来精细，尤其国际音标记音比汉字记音精确，所以特将马先生所标之音及译者录之如下，以资参考。

nian ta sai x a kuŋ	居坐闷得很，
xou ʑai ou pai	吸烟也要钱。
sa ta ou kaŋ ts'ai	请你来同我谈话，
tuŋ ku pai nian taŋ	谈古时打仗的情景：
ka ʑau ʃuai ʃyaŋ nyɔ	在桥上的人打枪，
kou ʑan ta ai suŋ	坝上就死了很多人。
kɔ ʑan ʃuai ʃyaŋ nyɔ	坝上的人也打枪，
ka ʑyaŋ ua ai suŋ	桥上又死了很多人。
ou ka ʑaŋ kɔ ni	打仗刚才停止。
ka ʑan ʑaŋ kɔ wuɔ	沟中只剩一个钱氏的老公，
ʑaŋ au l i ai lɔ	坝上只剩一个冯氏的人。

国立长沙临时大学
湘黔滇旅行团简介

◎ 邢沅

　　1937 年 7 月 7 日，卢沟桥事变，抗战全面爆发。9 月，北大、清华、南开三校奉教育部令南迁长沙，组成国立长沙临时大学。1937 年 12 月南京沦陷，不久武汉告急，长沙临大常委会经反复研究决定再西迁昆明。1938 年 1 月得政府批准，22 日正式公布学生迁滇原则、办法及注意事项。学校采纳了从海陆分三条迁校路线赴昆的方案，这是通晓交通地理的云南元谋人军训教官雷树滋提出的。其中，学校精心策划组织了由近三百名师生组成的"国立长沙临时大学湘黔滇旅行团"从陆路步行前往昆明。由湘至昆全程 1671 公里，师生将步行约 690 公里，曾有人建议改称"步行团"。而学校认为，步行锻炼固然是极大收获，但更重要的是使师生深入接触社会，行万里路，读万卷书，旅行就是这样一种涉及政治经济、文化历史、风土人情的社会活动，所以学校正式定名仍称"湘黔滇旅行团"。为保证沿途安全，特颁请政府军事委员会委派中将参议（前东北军师长）黄师岳为团长，按军事编制组成"学生军"。学校亦派出 11 名教师组成辅导团，他们是：闻一多、曾昭抡、黄钰生、李继侗、袁复礼、许维遹、李嘉言、王钟山、毛应斗、郭海峰、吴征镒。其中南开的黄钰生为委员会主席，负责日常具体领导工作。

1938 年，西南联大负责人和旅行团辅导团全体合影
（缺旅行团辅导团成员王钟山）
前排左起：黄钰生、李继侗、蒋梦麟、黄师岳、梅贻琦、杨振声、潘光旦；
中排左起：李嘉言、毛鸿、卓超、许维通、闻一多、总务负责人、副医官；
后排左起：吴征镒、徐行敏、邹镇华、杨石先、袁复礼、沈履、曾昭抡、
郭海峰、护士、毛应斗

　　"旅行团"除团本部外，学生组分成两个大队，每个大队
设三个中队，每个中队有 3 个小队（班），全团共 18 个小队。
军训教官毛鸿任参谋长，教官邹振华、卓超分任大队长，中、
小队长则由学生担任。每大队有一伙食班，由学校配备炊事员。
团部设有医官，由徐行敏担任，另有两辆卡车运送行李物资。
旅行团所有团员，每人备长沙名产大型油纸伞一把，学生一
律穿草黄色军服，戴软沿军帽，扎绑腿，佩胸标，外罩黑色
棉大衣。这些行军装备都是湖南省政府赠送。其他辅导老师
均着普通便装，只有黄钰生先生与学生衣着一样。时年四十
的黄钰生先生，秉承梅（贻琦）、蒋（梦麟）、张（伯苓）三
校长重托，凡旅行团经费管理使用，前站、行军、食宿，全
程事务无论巨细皆由他筹划指挥，为抗战中震惊世界的文化
大迁徙呕心沥血、做出了无上的贡献。

抵达清水潭之后开始徒步行军

选自王玉哲先生相册（王玉哲女儿王兰珍提供）

1938 年 2 月 19 日下午，"湘黔滇旅行团"全体成员在校门前集合宣誓，开始了 68 天的西南三千五百里教育文化"长征"。出发前黄师岳团长讲话，将旅行团与张骞通西域、玄奘行天竺、郑和下西洋并论，给师生极大鼓舞。20 日，一辆小火轮拖带两只满载旅行团员的大木船从湘江直下洞庭。22 日下午抵距益阳约 5 里的清水潭。23 日晨，心急的师生弃舟登岸跃跃欲试，开始了第一天的行军。黄将军是中央军校毕业的老派儒将，为人温文尔雅、又豪爽谦恭，与师生相处十分融洽。行军第一天，黄团长指挥队伍以正规部队行军方式分列道路左右两侧，间隔匀速行进，按一定时间原地休息后，整队继续前进。头一天完全按照黄团长指令行军 20 公里到达军山铺。但原本就不是军人的学生兵很不适应，深感枯燥无味。还有人穿皮鞋行军，当天脚就磨出血泡。第二天计划行军 25 公里至太子庙，脚伤者安排搭行李车走，其余人照样列队行进。刚出军山铺没多远，队伍一下散开，身体健壮者急步前奔，

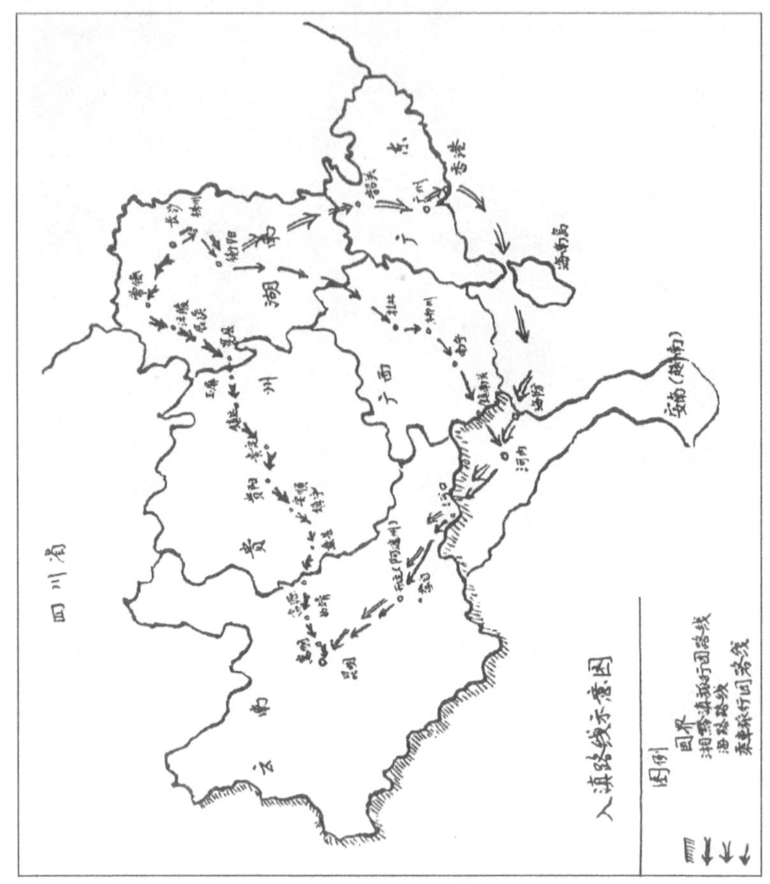

走得慢者悠悠徐行，还有老师学生在沿途考察，漫山遍野犹如散兵游勇。自此例先开，黄团长再难以纠正，以后就任凭学生自由组合、行进中可兼顾其他。每天早晨照例整队集合检查人数，下令出发，大家各自三五成群、结伙相伴，天马行空、独断而行。两位黄团长常常轮流殿后，督促着落后的"散兵游勇"。以后师生回忆起这段难忘的经历，就有人调侃"丘八管不了丘九"而成为温馨笑谈。联大的自由精神大概就肇始于旅行团吧。

2月25日到达常德后休整了几日。28日到桃源，第二次注射伤寒疫苗多有反应，休整。3月1日离开，顺便寻访桃花源洞。6日到沅陵，遇大雪又休息了四五天，联系卡车乘车离开。12日抵芷江，13日到晃县。15日在沅水滩头举行营火晚会，闻一多先生给大家讲古代神话。16日访侗家村落。一路上栉风沐雨，翻山越岭，瞻古迹，览名胜，了解各地风土人情，体验人民的疾苦，旅行团收获了在课堂上学不到的宝贵知识。17日过湘黔交界处鲇鱼堡，到达贵州玉屏县。随后在贵州步行一个多月里，旅行团经过的各县，都受到不同方式的友好欢迎。有的县政府张贴欢迎告示热情接待，有的地方组织中小学生在城门口列队迎送。

3月25日旅行团到达炉山（今凯里）访苗寨。26日举办联欢会，苗胞跳起民族舞蹈。李继侗先生不仅平日指导学生采集生物标本，此刻临时邀请徐行敏医官表演交际舞助兴，深受欢迎。

30日到贵阳，贵州省主席吴鼎昌在花溪举办盛大欢迎会。旅行团休整几日，4月4日离贵阳，8日到镇宁。贵州山河壮

图中文字为王玉哲
先生手迹

在贵州炉山开汉苗联欢大会
选自王玉哲先生相册（王玉哲女儿王兰珍提供）

丽，人情浓郁，闻一多先生除了指导同学们采风，记录民歌、民间故事，还情不自禁地拿起画笔沿途写生作画。

当时南开学生刘兆吉就是对采风最积极的。他遇到村镇就走街串巷地找人聊天，在田间地头看到几位农民也要搭讪几句，所以，他几乎每天都会落在队伍最后面，两位黄团长为他的安全很是操心。功夫不负有心人，1946 年，刘兆吉将自己一路搜集的七百多首民歌整理成《西南采风录》交由商务印书馆出版，闻一多、朱自清、黄钰生三位先生分别为书作序。

盘江水势急湍，铁索桥断链，只好摆渡过江
选自王玉哲先生相册（王玉哲女儿王兰珍提供）

　　旅行团一路也并非一帆风顺、自在逍遥。4月11日过盘江时，突遇铁索桥断链。旅行团只好雇两只小木船，每次载七人冒着惊涛骇浪惊恐万状摆渡过江，终于安抵彼岸，但行程完全打乱。全体人员只能暂宿安南（今晴隆），而行李后勤皆被隔留盘江东岸。幸好县政府将大家迎至政府大堂安顿。闻一多、曾昭抡、李继侗等先生都与学生一起没吃食、没被褥，坐待达旦。其实这种情况时有发生。据时为北大学生的王玉哲先生回忆，有时宿营地就在荒村野店或者露宿路边破庙里，除了伴随各种狰狞可怖的泥塑偶像之外，有时还和棺材尸骨

图中文字为王玉哲先生手迹

翻越黔西第一大山关索岭

贵州险路镇雄关下

选自王玉哲先生相册（王玉哲女儿王兰珍提供）

为邻。住在农村时，往往与猪、牛同屋，臭气扑鼻，跳蚤猖獗。但因习以为常，也都能安然入睡。旅行团一路虽然艰辛，但同时也激发了师生们的爱国热情。12 日前方传来台儿庄大捷的消息，师生们不顾疲劳冒雨举行祝捷大会和游行，在偏僻的安南小城展开了盛大的抗日宣传。休息两日后，16 日至盘县，19 日到平彝进入云南境内，27 日在昆明东郊大板桥宿营准备第二天整装入城。

旅行团抵达昆明
选自王玉哲先生相册（王玉哲女儿王兰珍提供）

1938 年 4 月 28 日上午旅行团全体成员在东郊贤园集合。蒋梦麟、梅贻琦校长以及杨石先、潘光旦、马约翰等教授，还有部分从海路先到的同学伫立欢迎。赵元任夫人杨步伟、蒋梦麟夫人陶曾谷、黄钰生夫人梅美德和她们的女儿向旅行团献花。之后，举行了盛大的"入城式"。经拓东路、金碧路、正义路，绕五华山进圆通公园，在唐继尧纪念像旁召开隆重欢迎仪式。梅贻琦校长、黄师岳团长以及师生代表致辞。黄师岳团长按照旅行团花名册逐一点名毕，将花名册递交梅校长表示已把旅行团全体成员平安带到昆明。"长沙临时大学湘黔滇旅行团"不负重望完成了自己的历史使命。此时，学校已正式更名"国立西南联合大学"。

赵元任夫人杨步伟、蒋梦麟夫人陶曾谷、
黄钰生夫人梅美德和她们的女儿向旅行团献花
（赵元任先生之女赵新娜保存赵元任先生拍摄照片）

　　国立长沙临时大学湘黔滇旅行团是抗日战争烽火中、中国教育史上的一次具有国际影响的壮举。它彰显了民国教育的底蕴，中国知识分子的精神风貌、文化传统和追求，昭示着中华民族生生不息的凝聚力和创造力。它是中国乃至世界教育文化的宝贵财富。

长沙临时大学应行发给甲种赴滇就学许可证学生名单

（1938 年 2 月 10 日）

艾光曾 T　查良铮 T　瞿松年 N　张兆杰 T　张家骅 T　张芳谔 N

张一中 P　何善周 P　张炳熺 P　张时俊 T　张树槃 T　张树梅 T

张澍生 P　张有源（张自源？)P　赵关华 T　赵悦霖 N　陈之颉 T

陈举乾 T　陈冲鹏 N　陈孝崑 T　陈丽妫 T　陈龙章 N　陈伯容 P

陈守常 T　陈四箴 T　陈登亿 P　陈体强 T　陈营生 T　陈远志 T

郑逢源 P　程秀芳 T　季镇淮 J　齐植梁 N　齐潞生 T　齐毓枫 N

贾　朴 N　陈化权 P　江爱钟 T　蒋庆琅 T　姜希贤 T　姜准章 T

蒋增海 T　钱能兴（钱能欣？)P　迟习儒 P　金正铨 T　金鸿举 N

金宝祥 P　仇申唐 P　周树楠 T　朱德祥 T　朱延辉 T　朱应麟 T

全广辉 T　钟秉哲 P　范寿仁 T　冯钟豫 T　冯绳武 T　傅魁良 P

傅幼侠 T　韩裕文 P　何广慈 T　侯立臣 P　夏绳武 T　夏胤中 P

向长青 P　项旭东 J　幸毓庄 P　许安民 T　周醒华 T　徐　璋 N

徐长龄 J　徐乃良 T　徐天球 T　胡熙明 N　逯钦立 P　黄　敬 T

黄辉宇 T　黄明信 T　黄培熙 T　黄元盛 T　洪朝生 T　丁则良 T

易欢联 N　任继愈 P　亢玉瑾 T　高本荫 T　仕　功 T　高廷章 T

高文泰 T　管琳生 N　孔昭锷 T　孔宪杰 P　郭世康 T　赖振东 T

蓝仲雄 T　李珍焕 P　厉征庆 T　李家丰 T　李　憬 P　李庆庚 P

李敬亭 P　李传基 T　李崇墅 P　李鹡鼎 T　李宏纲 T　李廉锟 T

李玉瑞 T　梁行素 P　梁维纲 P　梁文郁 P　廖世静 T　林振述 P

林从敏 P　刘兆吉 N　刘金旭 P　刘景丰 P　刘重德 P　刘焕藻 N

刘　淮 T　刘明侯 T　刘鹏岩 T　刘柏年 T　刘绍庭 P　刘树森 T

刘维勤 P　刘允中 T　刘永魁 N　骆凤嵘 N　罗慨才 T　罗士瑜 T

罗德洪 N　律长祺 T　陆迪利 T　栾汝书 P　马学良 P　马彭颗 P

马丹祖 P　马遇蕙 T　梅希古 T　马芳若 P　明景乾 N　牟敦煜 T

区伟昌 T　欧阳昌明 T　白家驹 P　白冲浩 T　白祥麟 T　潘钊元 T

潘志英 N　庞　瑞 T　庞慎勤 N　鲍栋年 T　彭　弘 T　彭克諴（诚?）N

彭秉璋 T　邵循恺 T　沈季能 T　沈新祥 T　沈洪涛 T　沈　功 T

沈宝鉥 P　沈　元 T　施养成 T　司徒愈旺 N　斯允一 T　苏滋禄 P

宋金声 T　宋淑和 T　宋同福 P　戴昌年 J　谭惠凡 T　谭文耀 P

唐敖庆 P　唐立镇 T　唐绍密 T　唐绍宾 T　唐云寿 T　陶　忆 T

邓俊昌 P　田方增 T　丁承谦 T　丁道炎 T　蔡孝敏 T　蔡德洪 T

曹国权 P　曹宗震 T　曾享瑞 J　曾鼎乾 P　崔熙讷 P　杜鸿德 T

屠守锷 T　董　奋 T　仝允果 T　王继光 T　王吉枢 T　汪　箋 T

王金钟 P　王丰年 T　王鸿祯 P　王洪藩 P　王鸿图 P　王克晟 P

汪国华 P　王联芳 P　王乃梁 T　王平一 T　王绍坊 T　王寿仁 P

王树嶟 N　王代璠 P　王德祎 P　王宗炯 T　王玉哲 T　吴宝麟 N

吴大昌 T　杨正道 T　杨　起 J　杨启元 N　杨春芳 T　杨锡祥 T

杨荣春 T　杨桂和 N　杨铭昌 P　杨谋适 P　杨式德 T　姚家瑾 T

姚荷生 T　姚士茂 N　姚应尊 T　严志达 T　颜锡瑕 P　余南康 J

余树声 J　余文豪 P　俞言昌 T　恽肇强 N　杨砚零 T　宋道心 J

刘　珩 T　陈镇南 T　王尚文 T　邵　良（邵　诒?）N　周华章 T

曹颖深 P　陈斯恺 T　吴　匡 T　郭宝玉 N　杨　涟 N　王兴仁 T

胡秉方 P　林宗基 P　王守民 N　宁谨庵 N　李家治 T　王克勤 P

陈熙昌 P　高宏祖　　庞　礼 P　萧人俊 T　陈庆宣 P　陈庆宁 T

彭建屏 P　牟庶咸 P　张盛祥 P　胡崇尧 T　李昭俊 P　喻　亮 P

李　悦 J　吴宝仁 T　胡承藩 T　张执中 J　陈述元 J　史国衡 T

范中廉 T　张德董　　王济沅 P　周敬修 P　黄培云 T　朱桂农 P

以上共二百八十六人，内刘焕藻（N）一名未领许可证及陈斯恺系乙种，故实数为二百八十四人。　（清华大学档案）

与《校史》记载有异者：向长清、王克宬、张炳熺、王乃樑、黄辉宙。

（注：T 代表清华学籍，P 代表北大学籍，N 代表南开学籍，J 代表联大学籍。）

湘黔滇旅行团南开学生名单（总共 38 人）

齐植梁	贾 朴	徐 璋	胡熙明	管琳生	刘兆吉
刘焕藻	刘永魁	骆凤峤	司徒愈旺	王树嶟	杨启元
杨桂和	姚士茂	恽肇强	郭宝玉	杨 涟	宁谨庵
赵悦霖	陈龙章	罗德洪	易欢联	吴宝麟	陈冲鹏
翟松年	齐毓枫	明景乾	张芳谔	庞慎勤	王守民
潘志英	金鸿举				

（另有李象森、申泮文、高小文、刘焕藻、彭克诚、邵诒，长沙临大甲种赴滇就学许可证学生名单未收入。彭克诚《校史》误为"諴"，邵诒临大甲种赴滇就学许可证学生名单误为"邵良"。）

爷爷和他的"学生兵"

◎ 黄 超

我是联大 1938 级经济系学生黄绍文的儿子。父亲之所以考入联大，应该是受我爷爷的影响。

我的爷爷黄师岳，1890 年出生，字蠡霄，安徽桐城金圩村黄家墩人。爷爷曾出资创办黄墩小学，还曾资助同乡汪少伦赴德国柏林大学学习。汪少伦曾任中央大学教授、安徽教育厅厅长，也是一位历史人物。

爷爷是东北讲武堂第 3 期、陆军大学第 12 期毕业生。长期在东北军少帅张学良麾下任职。1928 年底东北易帜后，任东北边防军步兵第 24 旅少将旅长。1931 年 5 月任独立第 17 旅旅长，1933 年任第 67 军 117 师师长，旋调任军事委员会北平分会第 3 处中将处长，后任军事委员会参议。抗战期间曾任鄂豫皖边区第 13 游击纵队司令，参加抗战。抗战胜利后爷爷曾任国防部中将部员，1947 年任中将参议，1948 年 10 月任第 9 兵团联络官。1949 年后，入华北人民革命大学学习。1950 年被时任广西省委书记的张云逸调去广西工作，参加了土改运动，任省人民委员会参事。1955 年 10 月 1 日在南宁因病去世，安葬于南宁东北郊皇帝岭公墓。

黄师岳出发前摄于昆明

抗战初期，爷爷曾经最自豪的是圆满完成了张治中将军委派他护送"长沙临时大学湘黔滇旅行团"近三百名师生，从长沙一路西迁步行至昆明的那次任务。

张将军了解爷爷的为人、学识与能力，因为爷爷在东北军是公认的儒将。张将军深知，带领三所著名大学的几百名知识分子去翻山越岭、步行穿越三千多里路的湘黔滇，这个任务必须是一位知书达理，兼具读书人才识的武将才能胜任。爷爷当时已五十开外，温文尔雅，身材魁梧，青年时期曾接受严格的军事院校学习和训练，是一位能文能武的将军。

湘西那时已是土匪出没之险地。崇山峻岭，交通不便，土匪对师生难免心生觊觎，此行，爷爷的首要任务就是保证数百师生的人身安全。若有闪失，后果不堪设想，故爷爷是丝毫不敢懈怠。爷爷随从仅有几位军官和勤务，所有问题必须亲历亲为，要与地方乡绅、县政府交涉，也要和沿途的土匪斗智斗勇地周旋。

听说有个故事，爷爷最初使用"长沙临大湘黔滇旅行团团长"的名片对外交际，但这个头衔对各地官僚、土匪没有丝毫震慑作用。后来爷爷改用"军事委员会中将参议黄师岳"名片，各地接洽人员马上对"黄将军"敬重有加，土匪听说了也规避七分。

爷爷理解很多人成为土匪也是生活所迫。他说很多土匪其实就是走投无路的流民，有很多次他是自愿掏腰包，留下"买路钱"。我想他可能是让那些有家不能回的土匪有口饭吃，少祸害老百姓吧。

今天回想起来，这是八十五年前我的祖父受命完成的一次任务。三千五百里的艰难跋涉，当这批"学生兵"和教授全部安全抵达昆明时，学校已更名为国立西南联合大学。

如今，很多回忆录和媒体报道了步行团进城那天的盛况：西南联大负责人梅贻琦常委为欢迎旅行团胜利抵昆，组织了盛大的欢迎仪式。爷爷按照花名册一一点名，然后郑重地将花名册交到梅贻琦常委手中，表示不辱重任，将学生安全护送抵昆明。梅贻琦校长激动得与爷爷长时间握手，由衷地感谢黄将军出色地完成了这前无古人、后无来者的光荣使命。爷爷到了昆明也非常高兴，与学生老师一路艰辛共患难。临别时，爷爷在昆明最好的海棠春饭馆，自费宴请全体步行团成员聚餐告别，随后爷爷返回长沙。

　　这批"学生兵"给爷爷留下了深刻印象，其中有一个"兵"特别让爷爷操心，他就是南开的学生、《西南采风录》的作者刘兆吉。作为湘黔滇旅行团的团长，为了学生安全，爷爷总是和黄钰生团长在队伍末尾"殿后"，而刘兆吉也因为采访经常落后，几乎每天都是最后抵达宿营地。二位黄团长常常有意识地照顾刘兆吉等"晚归"的兵，叮嘱厨房为他们留饭，似乎成为途中常态。当时正值湘西春寒料峭，师生们冒着严寒，先后渡过湘、沅、资水三条大河，穿越湘西到了贵州省境内。云贵高原山路崎岖，加之阴雨连绵，行军更是艰难。

　　可以说，步行团在两个多月的艰苦且时常面临危险的困境中，师生们对黄师岳这把"保护伞"有了安全的依赖感。有黄将军与几位军官一路呵护同行，学生们依然保持着激情和无忧无虑的乐观情绪。在几位教授的指导下，他们一路采集标本、调查采风、访问村寨，经常受到沿途各地政府与民众的热情款待。师生们经受了意志品质的磨练，也感觉到收获颇丰。正如闻一多先生所说："火车我坐过了，轮船我也坐过了。但对于中国的认识，其实很肤浅。今天，我要用我的脚板，去抚摸祖先经历的沧桑。国难当头，我们这些掉书袋的人，应该重新认识中国了！"

　　恰逢西南联大成立 85 周年之际，新版《西南采风录》付梓，我内心很不平静，似乎是在与爷爷重返湘黔滇"中国教育的长征路"，去体会那个惊心动魄的时代。

　　爷爷回到长沙后，又发生一件事，让我们后辈对爷爷更加崇拜。

　　爷爷完成任务离开昆明后，就开始惦念着他熟悉了解的"学生兵"。很多人的家庭情况，爷爷都比较清楚了。他还先后资助了二十余位联大贫困学生完成学业。

1938年6月1日，昆明来客拜访我爷爷。来人带来一封西南联大领导亲笔信函，还有一只金表和五百元川资，信中说："区区薄礼，不成敬意，万望将军务必笑纳！"爷爷很感动，这是西南联大师生们为了感谢他一路护送的辛苦，特地送来这些礼物和川资。爷爷当即提笔给西南联大常委梅贻琦和蒋梦麟先生回信，感谢美意，婉拒礼物与酬金。信中写道：

孟月公校长钧鉴：寇氛未已，坚决抗战，为民族复兴大业计，迁文化于后方，储材备用，实为当今之第一急务。在师岳不过奉张主席文白兄命，率领贵校学生旅行团步行到滇开课而已，虽云跋涉辛苦，为民族为国家服务，与数百青年同行三千里，自觉精神上痛快与光荣。到滇承招待慰劳，反使内心感与愧，并所赐纪念像谨什袭珍藏，永远存念，以纪念此行。至赠送金表一只及川资五百元，在公等为诚意，在师岳实在无受法，均原璧交来人带回矣。今已于六月一日回抵长沙复命如阙廑注。谨此奉闻，专肃布臆 敬颂

钧安诸维

亮誉　　　　　　　　　　　　黄师岳谨启

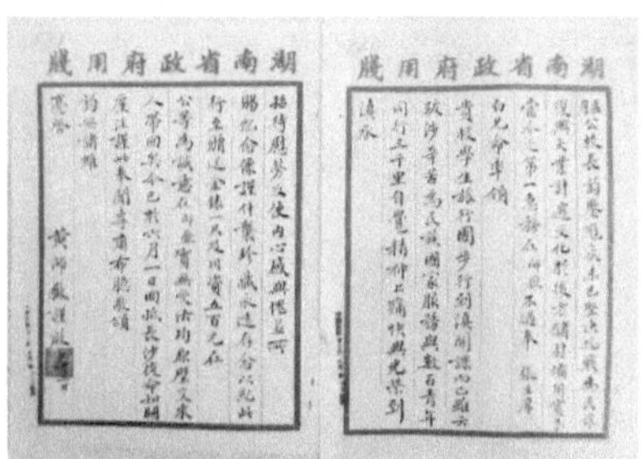

黄师岳手稿

　　作为黄师岳将军的后代，我为爷爷步行团的事迹感到自豪。也借此机会感谢西南联大步行团全体师生与后代家属，感谢大家对爷爷不离不弃的怀念之情。感谢长期研究西南联大这段历史的各位学者、作家与媒体人对爷爷的历史与工作加以研究并如实地报道。

黄超

一个"前无古人"的采风壮举

——记父亲刘兆吉和《西南采风录》

◎ 刘重来

1938 年，正值抗战硝烟弥漫祖国大地之时，长沙临时大学哲学心理教育系一个大三学生，加入了由北大、清华、南开三校近 300 名师生组成的"湘黔滇旅行团"，从长沙走到昆明——即将建立的国立西南联合大学正在那里等待着他们。

在 68 天 3500 里征途中，这个大学生在他的老师、著名诗人闻一多教授的指导和鼓励下，常常离开行军的大部队，独自一个人，或深入村寨，或来到田间地头，或爬上云雾缭绕的高山，向当地乡民采集民间歌谣。

皇天不负苦心人，在短短两个月中，这位大学生竟采集了 2000 多首山歌民谣，创造了一个"前无古人"的采风奇迹。这些歌谣经闻一多先生指导编选和定名，《西南采风录》问世了。闻一多、朱自清、黄钰生等师长热情为这位大三学生的这部书写了高度评价的序言。

这位大学生就是我的父亲刘兆吉先生。

（一）

刘兆吉（1913—2001），中国现代著名心理学家，西南大学教授。曾任西南大学教育系主任、中国心理学会常务理事、

全国教育心理学专业委员会主任、四川省心理学会理事长、重庆市心理学会理事长。其主要著作有《美育心理学》《美育心理研究》《高等学校教育心理学》《文艺心理学纲要》《文艺心理与美育心理》等 10 余种，在《心理学报》等学术刊物发表论文 60 余篇，多次获国家、省部级重要奖项。

然而在刘兆吉内心深处，最难以忘怀的仍是他大学时在抗战烽火中，在由长沙到昆明 3500 里征途中采集山歌民谣的经历和他的老师闻一多、朱自清、黄钰生等师长对他的采风壮举热情鼓励，以及对《西南采风录》的高度评价。

朱自清先生赞誉刘兆吉"以一个人的力量来做采风的工作，可以说是前无古人"，夸奖"他这才真是采风呢"，"他的成绩是值得赞美的"。

闻一多先生赞誉刘兆吉"一个人独力采集"歌谣的"毅力实在令人惊佩"。

黄钰生先生说："刘君用力之勤，工作之难，可以想见。辛苦的结果，在六十八日之中，采集了 2000 多首歌谣，这不能不说是丰富的收获。"

如今，我的父亲刘兆吉已去世 20 多年了。"步行团"近 300 人浩浩荡荡的行进队伍，如今只剩下 104 岁的吴大昌先生一人了。岁月无情，让人感慨万千。可喜的是，吴大昌先生于 2022 年 9 月 12 日为新版《西南采风录》题字，留下了步行团唯一健在者的墨宝，实在太珍贵了。我代表刘兆吉的后人向吴先生表示衷心感谢。

（二）

父亲刘兆吉于 1913 年 4 月 4 日生于山东青州府益都县西 25 里一个叫潘村的村庄，因为全村都是姓刘的，所以又称刘家潘村。潘村自然风光很美，地势也很险要，被认为是一块福地，而实际上这是一个穷乡僻壤的小山村。

父亲出生在一个穷苦的农民家庭，常年吃不饱，穿不暖，过着朝不保夕的日子。但他后来却能读完私塾又上小学、初中、师范，甚至进了大学，似乎有些不可思议。这要和我的祖父刘继孟在第一次世界大战中远赴欧洲当华工是分不开的。

祖父虽然是个大字不识的贫苦农民，但他有一个最大心愿，就是自己再苦再累，也要让儿子刘兆吉上学读书。因为他认准了只有培养儿子读书成才，才能彻底改变全家的穷苦状况，才能改变儿子一生的命运。

就在父亲 4 岁时，一个意想不到的机会来了。1914 年第一次世界大战爆发了。以英、法、俄等国组成的协约国和以德国、奥匈帝国组成的同盟国在欧洲展开了空前惨烈的战争。1917 年，世界大战进入白热化阶段，英法军队伤亡惨重，不仅兵员紧张，而且战场上的后勤人员及工厂、矿山都极缺劳动力，因此他们在中国大规模招募华工以补充劳动力的不足。

当年在山东，一个壮劳力即使拼死拼活干上一个月，也不过四五块大洋，而招募华工许诺的收入每月竟有 20 多元大洋的收入，所以当时报名当华工的山东农民非常踊跃。而对于我的祖父刘继孟来说，当上华工不仅能让家人吃饱饭，而且还可以让儿子上学读书，了却自己最大的心愿，所以他义无反顾地于 1917 年夏天去了欧洲战场。

我的祖父和同村的伙伴离开潘村那一天，全村老小都到村口送别。父亲当时才 4 岁，得知我的祖父要出远门了，光着屁股跟在大人后面哭喊着，紧紧拽着他的衣服不让走，家人和亲友们见此情景都流下了眼泪。还不懂事的父亲哪里知道祖父这次生离死别、远赴欧洲，就是为了让他上学读书啊！幸而一年多以后，第一次世界大战结束了，我的祖父九死一生回到了山东。他以生命的代价终于如愿以偿让儿子上学读书，从而改变了刘兆吉的人生。父亲深知能上学读书实在太不容易了，所以他十分珍惜上学读书的机会，学习十分刻苦，成绩一直名列前茅。1926 年，13 岁的刘兆吉以第 4 名的成绩考上了在益都县城的山东名校——山东省立第 10 中学。虽然万般节省，但到了父亲初中毕业时，不仅祖父当华工积攒的那点钱用光了，还欠了一屁股债。父亲继续读高中已是不可能了。他只好去投考不交学费、还管吃管住的山东省立第一师范学校。

刘兆吉 1933 年夏从山东第一师范学校毕业后到山东周村竞化职业补习学校任教，并兼任教务主任。时年仅 20 岁。为了显得老成有学问，不是近视眼却戴了一副眼镜。

刘兆吉 1934 年在山东益都县东关小学任教时摄。此时一边教书，一边复习功课，准备考大学。

（三）

1935 年 7 月刘兆吉考上南开大学哲学教育系，作为新生，他非常幸运地参加了 9 月 17 日开学典礼，不仅首次目睹了张伯苓校长的风采，而且还现场聆听了他著名的"爱国三问"。

1937 年 5 月，刘兆吉正集中在天津西郊韩柳墅接受军训。军训队长是天津市市长、后成为抗日英雄的张自忠将军。谁知军训还未结束，卢沟桥事变爆发了，军训被迫中断。此时高校已放暑假，刘兆吉也匆匆回到了山东老家潘村。然而没隔几天，便传来了让他非常悲愤的消息；日军竟然于 7 月 29 日和 30 日用飞机、重炮对南开大学疯狂轰炸，还冲进校园纵火焚烧，以发泄他们对南开这个"抗日基地"的刻骨仇恨。昔日美丽宁静的校园成了一片火海废墟。

平津沦陷了，学校被炸毁了，四年大学只读了一半，怎么办？国家的命运，个人的前途，使刘兆吉焦急万分。正在他一筹莫展之时，突然收到了他的老师黄钰生先生从长沙写来的一封信。信中告诉他，南开与北大、清华在长沙联合成立临时大学，希望他尽快来长沙报到。也许黄先生体谅到刘兆吉家境贫寒，到长沙读书经济上恐有困难，怕他为此担忧，所以在信中特意说明，如果经济上有困难，还可帮他另谋临时职业，以维持学业和生活。对于刘兆吉来说，这是一封改变他的人生道路的信。如果没有这封信，他很可能就完全失去了去长沙临时大学读书的机会。因为很快山东就沦陷了，交通阻断，后来的命运会如何，真是难以预料。可以说，没有黄先生的这封信，刘兆吉的人生就可能改写。

1937 年 10 月 24 日，刘兆吉来到长沙临时大学报到注册，由于长沙校舍不敷分配，临时大学决定将文法学院迁南岳衡山。但长沙临时大学刚开课两个多月，战局又很快恶化，学校不得不决定再次西迁昆明，组建西南联合大学。

　　然而当时不少学生家乡沦陷，失去了经济来源，无钱乘车乘船去昆明，学校就组织了近 300 师生的"湘黔滇旅行团"，从长沙走到昆明。刘兆吉家在山东农村，本来经济就很困难，战乱中又与家人中断了联系，身无分文，自然十分积极报名参加了"步行团"。此举使刘兆吉与"步行团"、与西南联大紧密联系在一起，谈西南联大必谈"步行团"，而谈"步行团"必然离不开《西南采风录》和刘兆吉。

　　出发前，学校还做出规定："凡步行学生，沿途作调查、采集等工作，籍明各地风土民情，使此迁移之举，本身即富教育意义。……学生步行时概适用行军组织，各生抵昆后所缴报告成绩优良者，予以奖励。"

　　"步行团"要出发了，刘兆吉想起了不久前闻一多先生在上《诗经》课时说的一段话："有价值的诗歌，不一定在书本里，很多是在人民的口里，希望大家到民间找去！"想到此，他心里不觉一亮，这次步行路线，是湘、黔、滇三省交通闭塞的边远山区，这正是一块藏着丰富民间歌谣而又未曾开垦的处女地啊！何不趁此机会沿途采集山歌民谣呢？又听说闻一多先生也参加了"步行团"，何不请他做采集歌谣的指导老师呢？刘兆吉兴冲冲找到了闻先生，讲了自己的想法，并请闻先生作指导，闻先生一听很高兴，不仅热情鼓励他，而且答应了做指导。

　　一开始，民间歌谣采访组报名十分踊跃，有 40 余人报名，刘兆吉被推为召集人，也称组长。他非常高兴，因为湘黔滇三省，正是山歌民谣极为丰富且为未开发之地，能徒步沿途采风，机会实在太难得了。然而谁也没想到，"步行团"开始步行的第一天，歌谣采风工作就遭到"毁灭性"打击，40 多人的歌谣采风组竟无形地解散了。只剩下刘兆吉一个"光杆司令"。

事情是这样的：1938 年 2 月 21 日，"步行团"开始了第一天步行，行程 50 里，当晚"步行团"在一所学校宿营。刘兆吉作为歌谣采风组组长，心想既然步行开始了，沿途采集山歌民谣工作也应开始了。但 40 多人的歌谣采风组要采风，总得有个计划分工安排，特别是要听听指导老师闻一多先生的指导意见吧。于是刘兆吉决定当晚召开歌谣采风组第一次会议，他先去征求闻一多先生的意见，闻先生当即爽快答应了，于是他先把闻先生安排在准备开会的空教室坐定。自己兴冲冲去"步行团"各分队住地通知歌谣采风组的同学到那个空教室开会。谁知那些同学躺在地铺上不愿起来，有的喊脚痛腿痛，有的把脚上打的血泡给刘兆吉看。刘兆吉还是请他们赶快去开会，因为闻先生还在等着大家呢！谁知这些同学一个个就是叫不动。刘兆吉跑来跑去，就是叫不动歌谣采风组的同学，又失望又生气，只好一个人回到空教室，见闻先生还坐在那里等候，刘兆吉作为组长感到很惭愧。他如实向闻先生说明了同学们的态度。闻先生听了也有些生气地说："开始步行是累点，能有那么严重么？我也是和大家一起步行了一天，不是还能来开会么！"刘兆吉见闻先生生气的样子，连忙安慰道："您不要失望，就算只剩我一个人，也一定要完成采风工作。"刘兆吉憋着一股气，无论如何，哪怕只有我一个人，也要把采风坚持下来，不能让大家看笑话，更不能让闻先生失望。刘兆吉硬是坚持下来了，在 68 天中，无论刮风下雨，无论道路怎么艰险，无论遭受多少委屈和误解，他都坚持下来一路采风。刘兆吉一个人的坚持，闻一多先生看在眼里，记在心上，所以他在为刘兆吉《西南采风录》写的序文中特别提到"其中歌谣一部分，共计二千多首，是刘君兆吉一个人独力采集的。他的这种毅力实在令人惊佩。"

而没有参加"步行团"的朱自清也从步行团的师生中得知刘兆吉一个人坚持采风事迹，所以他在为刘兆吉《西南采风录》写的序文中也特别指出："他以一个人的力量来做采风的工作，可以说是前无古人。"

（四）

采集山歌民谣，在今天来看，并不算是什么难事，也不必担什么风险，更不会有生命之虞。然而在 20 世纪 30 年代那个兵荒马乱、社会动荡、交通闭塞的年代，就会遭遇许多意想不到的困难。当时的湘黔滇山区，不仅贫穷落后、交通闭塞，而且盗匪横行。他们杀人越货、无恶不作，连过往的

刘兆吉 1937 年在南开大学读书时经人介绍与在山东烟台长广小学教书的女教师张雪羽订婚，此为订婚照。当时刘兆吉只是个穷大学生。照相时花了一块大洋穿相馆提供的西装领带，还烫了头。

刘兆吉于 1939 年西南联合大学文学院哲学心理教育系四年级时摄，所穿军装还是一年前参加"湘黔滇步行团"时发的。

小股军队也要对他们畏惧三分。而"步行团"都是些手无寸铁的学生，在整个队伍行进的 3500 里征途中曾多次遭遇土匪的骚扰，而刘兆吉为了采集山歌民谣，又必须常常离开大队伍，独自步入荒村野寨、田间地头，这就要承担更大的风险。

更令人烦恼的是，刘兆吉一身黄军装，一口山东话，使当地老百姓难以接受。这是为什么呢？原来当地百姓深受地方军阀军队的欺凌，过去有"兵匪一家"之说，使百姓一见军人，打心眼里就反感、恐惧，惟恐避之不及。这为刘兆吉向当地百姓采集民间歌谣带来意想不到的困难。有时刘兆吉见田间地头有几个农民正聚在一起休息聊天，便兴冲冲地上前打招呼，哪知道这些农民一见他过来了，全站起来跑光了，弄得他哭笑不得。刘兆吉慢慢也理解了当地农民对他的疑惧心理，就态度上格外和气，满脸笑容主动与农民热情招呼、攀谈。一些乡民也渐渐看出来，刘兆吉虽然穿一身军装，但言谈举止，并不像那些"丘八"那么粗暴、蛮横无理，也就半信半疑向他聚拢过来了。当这些乡民终于从刘兆吉浓重的山东话中弄明白他是来向他们的口中采集山歌民谣时，又惊讶又高兴。惊讶的是竟会有人来到他们这个穷乡僻壤采集山歌民谣，高兴的是这个异乡的大学生竟会对他们祖祖辈辈流传下来的山歌民谣感兴趣。于是他们中有的人就极愿意向刘兆吉倾吐心中那些充满了苦闷与心酸、恋情与欢乐的山歌民谣。当他们以独特的声调唱起如泣如诉的歌谣时，刘兆吉简直都听入神了，甚至忘记了记录。

刘兆吉的采风情景，多次被他的恩师、步行团的负责人黄钰生先生看见，他被刘兆吉的执着精神深深感动了。后来，他在为《西南采风录》写的序文中就记下了他目睹刘兆吉采风的场景：

一路上，我是个常川的落伍者。太阳已西，"先锋"早已到了"宿营地"，我还在中途。好几次（末一次，记得是在到曲靖的道上）我在中途遇到刘君，和老老少少的人们，在一起谈话——一边谈一边写。这样健步的刘君时常被我赶上。

一群人，围着一个异乡的青年，有时面面相觑，有时哄然大笑，是笑语言不通，手指脚画；面面相觑，是要窥测真意。本来，一个穿黄制服的外乡人，既不是兵，又不一定是学生，跑来问长问短，是稀有的事，是可疑的事——稀有，所以舍不得让他就走；可疑，所以对他又不肯说话。这是我所见的情形。刘君用力之勤，工作之难，可以想见。

黄先生真不愧是心理学家，只寥寥几笔，就把当时乡民的心理观察分析得那么透彻，对自己的学生采风的难处也理解得十分准确。应该说，刘兆吉采风中的尴尬情景，乡民们的疑惧心理，如果不是那个时代的人，没有身临其境，是难以理解的。

（五）

提起"湘黔滇旅行团"，不能不提黄师岳团长。当时湘西是有名的大股土匪的根据地，有的地方官匪勾结，名分暗合；有的县区的地方武装力量远远不如土匪强大。为了对三个大学师生安全负责，湖南省主席张治中特派在军事上有经验有名气的黄师岳中将任步行团团长。

　　黄师岳是行伍出身，对大学生和大学教授了解不够，开始他想严肃军纪，要求"步行团"从出发地点到终点都要像军队那样列队行军。但这一要求在第一天便失败了，因为大学生与士兵不同，平常没有那么严格的纪律要求，再说学生的体质强弱各有差异，有的还有沿途采访研究任务，如地质、生物标本、古迹文物、民间歌谣采访等都需要离开队伍进行，所以行动不可能整队排列行军。后来只好从整齐列队行军改为出发时两大队和各班先整队点名，当出发离开所住的村落后，便各随其便，有三五结伙的，也有单独行进的，有的走公路，有的走小路。有时中午不吃饭，各带干粮，直到晚上到达宿营地点，吃晚饭时自然都集合在一起，睡眠时才各班点名。

　　通过两个多月长途旅程，大家和黄团长彼此加深了理解。同学们知道黄团长是一位爱国军人，心直口快，是一位爱护学生、尊重知识、认真负责的好人。而且他身为中将师长，没有军官架子，平易近人，逐渐大家对他也有了好感，也对他表示了敬意。黄师岳原以为这些名牌大学生和几位名教授，一定都是些自命不凡、傲慢不恭的人，但经过长期相处，也改变了他的认识，后来他说："大学生不愧为大学生，有学问有礼貌，没有吃、喝、嫖、赌的坏习气，比大兵还好带。"当他要离开时，联大师生对黄团长也产生了恋恋不舍的好感。

　　黄团长受到联大校领导和"步行团"广大师生的尊敬，又请他与他们照像，赠纪念品，举行隆重礼仪，这使黄师岳深受感动，于是他以个人名义在昆明最豪华的海棠春大酒楼宴请"步行团"全体团员。数十桌酒席，耗费 5000 元老滇票，等于中央银行的国币 500 元。这是刘兆吉四年大学生活中唯一的一次大享口福。

（六）

谁能想到，刘兆吉《西南采风录》的稿费竟还有一个"谎言"成真的故事。

那是 1940 年的寒冷冬天。刘兆吉急匆匆来到坐落在重庆的国民政府教育部，将《西南采风录》书稿交到了社会教育司，希望能尽快出版。为什么刘兆吉此时如此心切要尽快出版《西南采风录》呢？一个重要原因是他的夫人张雪羽即将临产。当时刘兆吉只是重庆南开中学的一个小职员，工资很低，孩子要出生，急需一笔钱开支，所以他急切想出版《西南采风录》，将得来的稿费补贴家用。

然而时间不等人，几个月后，即 1941 年 3 月 15 日，刘兆吉的夫人生下了一对双胞胎。在今天，生下一对双胞胎，该是多么大的喜事啊！但在那个兵荒马乱的年代，对于一个经济本来就拮据的家庭来说，一下生了两个孩子，却是一件

1939 年夏刘兆吉于西南联大毕业后经恩师黄钰生先生介绍到重庆南开中学工作。图为入职工作证照片。

1939 年夏刘兆吉于西南联大毕业后经恩师黄钰生先生介绍，到重庆沙坪坝南开中学教务处工作。图为到校后所摄。

极大的愁苦事。母亲的奶水只够一个小孩吃，必须买牛奶或奶粉喂养另一个孩子。可是那个年代，重庆街上卖的都是美国奶粉，价格贵得出奇，如克宁奶粉要 175 元一磅，而刘兆吉一个月的工资才 155 元，连买一磅奶粉都不够，而医生说每月起码要 2 磅奶粉，而且随着孩子长大还要按月递增。刘兆吉听了医生这么说后，"感到惹下了塌天大祸，我觉得自己是杀人的凶犯"。

更让人犯愁的是，由于当时刘兆吉工资低，妻子又无工作，只有节衣缩食，导致妻子怀孕期间营养严重不良，两个孩子出生后出奇得弱小，一个才 2 斤半，一个 3 斤半。医生再三叮嘱，若不好好调养，很难存活。刘兆吉在《双生子》一文中写道，当两个儿子出生后，他赶到妇产医院看望妻子，见妻子满面愁容，茶饭不思，他故作轻松地安慰说："不要愁！我有办法了，《西南采风录》的稿子，教科用书编委会通过了，稿费 850 元，不久就会寄来。"刘兆吉为了抚慰妻子故意撒了个弥天大谎。而妻子前些天是知道丈夫亲自将《西南采风录》书稿送到教育部的，所以对刘兆吉的话深信不疑，而刘兆吉心里却很不安。他写道："这是我对妻子第一次说谎。她听了这话，面部露出的欣慰，倒更使我内心酸楚。"

然而意想不到的是，没有过几天，刘兆吉竟然真的收到了 800 元稿费。原来这是教科用书编委会认为此书非常有价值，虽然不能马上出版，却先预支了部分稿费，让作者心安。真是喜从天降，刘兆吉的谎言竟成了事实。

由于当时物价飞涨，为了保证孩子的营养，就立即将这笔稿费订购了两年的牛奶票。谁能想到，《西南采风录》的稿费竟成了两个婴儿的救命钱。

1941 年 6 月刘兆吉、张雪羽与双胞儿子百天合影。

1941 年 7 月刘兆吉夫人张雪羽抱两个双胞儿子在重庆南开中学教工宿舍津南村留影。

1943 年刘兆吉与夫人张雪羽，儿子刘庆来（左），刘重来留影于重庆沙坪坝照相馆。

刘兆吉 1946 年春在重庆南开中学摄。此时 33 岁，任南开中学副教导主任。

1946 年刘兆吉一家摄于重庆南开中学津南村 7 号门口。刘兆吉抱的是女儿刘平来。

1946 年冬刘兆吉一家摄于重庆沙坪坝。

（七）

1946 年 12 月，《西南采风录》终于由商务印书馆出版了。刘兆吉是多么想把这一喜讯第一时间告诉闻先生呀。然而当刘兆吉拿到刚出版的《西南采风录》时，"片刻的喜悦，就被刺心的悲痛压抑了，因为闻师就在此书出版的几个月前（1946 年 7 月 15 日）壮烈牺牲了。这是凝结着一多师心血的书呀！"刘兆吉的悲痛，难以用语言表达，他回忆说：

我捧着新书哭了！泪花中映着闻师迈着大步跨越在云、贵高原山路上的身影和上课谈话时的音容笑貌，但已听不到他关心这本书出版的喜讯了。我也以无以回报恩师为苦。曾写信给朱自清师，愿将稿费奉献给闻师母。朱师回信说，梅贻琦校长很关心闻师母及其子女的生活，已给闻师母安排在图书馆工作，生活尚可维持。同时他也说我是有 3 个孩子的 5 口之家，经济也很困难，劝我不必寄了，但他要把我的善意转告闻师母（自清师曾于1946 年 9 月 27 日趁由昆明经重庆等候飞机赴北京时，曾到过我在重庆南开中学的家，又由我陪他去中央大学学生公社讲演，随后又送他乘汽车返重庆候飞机的住处。由于他亲眼目睹和交谈中，了解我的生活情况）。

闻一多先生没有在活着的时候，看到他和学生共同努力的成果《西南采风录》出版，这是刘兆吉最难过最遗憾的事。

1948 年刘兆吉一家摄于重庆沙坪坝。
中坐者为刘兆吉母亲刘韩氏，中后为保姆。

1949 年 2 月 3 日摄于重庆南开中学鱼池旁。中坐老人为刘兆吉母亲。

刘兆吉的儿子刘重来正在观赏原西南联大中文系学生、"南湖诗社"社员，著名语言学家周定一先生生前珍藏了几十年的一本《西南采风录》。

　　正值西南联大成立 85 周年，"西南联大南开人志愿者团队"与麦谷教育出版社策划出版横排规范简体字本《西南采风录》，这不仅对年轻人阅读和研究《西南采风录》提供了极大方便，而且对传播、传承西南联大精神有着重要意义。

　　我要特别感谢编辑们的辛勤付出，没有他们提议策划和精心整理编辑，不可能产生这本面貌全新的《西南采风录》。新版《西南采风录》是对西南联大成立 85 周年的最好献礼。作为刘兆吉的后人，在此表示深深的谢意。

刘重来

后 记

　　本社受版权继承人刘兆吉次子刘重来先生授权，经过精心策划编辑重新出版了刘兆吉旧著《西南采风录》。正如前文所述，讲西南联大史，必定离不开"湘黔滇旅行团"（俗称"步行团"），说"步行团"必然离不开《西南采风录》和西南联大南开人刘兆吉；又适逢西南联大成立85周年，这正是我们编辑新版《西南采风录》的初衷。

　　当前出版已进入视图、深读、悦读时代，为了适应广大读者特别是青少年读者阅读、使用和加深理解的需求，本书是便于当今读者阅读的全新版本。首先，在内容上我们以旧著为基础，增加了特请"步行团"团长黄师岳的嫡孙黄超先生撰写的特稿《爷爷和他的"学生兵"》以及刘兆吉教授的次子刘重来先生撰写的《一个"前无古人"的采风壮举——记父亲刘兆吉和＜西南采风录＞》，同时增加了"国立长沙临时大学湘黔滇旅行团"简介和相关视图。

　　第二、本书采用横排规范简体字版，凡繁简、古今、异体字，一律使用现通行规范字，不再另行标注。特别感谢孙娜女士不吝耗费大量时间精力，义务进行了繁简转换工作。因为繁体字与简体字并非——对应，而常常是"一多对应"，孙娜女士所付出的辛劳和无私奉献的志愿者精神令我们无比感动和感谢。

三、旧版《西南采风录》成书于 1948 年以前，当时词语并不规范，如"的、地、得"，"他、她、它"，"甚么、什么"，"那、哪"，"希奇、稀奇"，"耐何、奈何"等，都不加区分；另有标点使用也不尽规范，我们都一并改过，不特标出。

四、旧版《西南采风录》存在一些明显错别字，如情歌中，"叫我"误为"教我"（一一七首），"蜜蜂只为采花迷"误为"探花迷"（二三八首），"到"误为"要"（二四三首），"火塘"误为"火堂"（四三八首），"搭上肩"误为"搭上打"（五〇二首），"风吹罗裙"误为"青吹罗裙"（五〇九首），"做只箱"误为"作只箱"（童谣九首），"打锣打鼓"误为"打锣大鼓"（童谣十首），"三年整"误为"三年正"（童谣二十六首），"眡眡"误为"眳眳"（童谣二十七首；眡，《集韵》荒刮切，欢入声。视也。《类编》目暗也。《正字通》与耳部聒字义别），"娶"误为"聚"（童谣二十九首），"金銮"误为"金鸾"（采茶歌三首），"殷郊"误为"殷交"（采茶歌四首）等许多处，都已将其改正。在此只是介绍错误类型，不再一一列举。"民怨"第六首中"原故"按照现代汉语规范已使用"缘故"，所以这类也从今例。

另有"相思"误为"想思"多处（如情歌一六四首），但不能一概而论，比如情歌第一三六首"想思不得同床睡"与后句"想死不得同床睡"相对，所以肯定不是"相思"，不能想当然地误判。

五、有些错误可能是记录错误，比如情歌第四九四首《垂金扇》误记为"捶金扇"。查，《济公传》中有"巧断垂金扇"

回目，而无"捶金扇"一说。今改正。另外有些疑误，比如童谣三十一首"瓦楂"疑为"瓦碴"。

六、旧版使用老注音字母，其中亦有错误，如ㄐㄑㄒ误为ㄐㄙㄒ，我们都加以纠正了。

七、旧版有空头、残缺字几处，如情歌第一四五首"坐得□来"应为"坐得高来"，第一九一首注中"□安县"，我们经研究查证应为"普安县"，已补正。但抗日歌谣第七首《打东洋》中"强占我国□不饶"，此处缺字未能查明，只得阙如。

八、本书收录的歌谣实为753首。旧版中共收录771首，有18首责编认为内容恐引起误解，未收录在此次简体版中。另，旧版中情歌五一六两首重复使用同一序号，相当于实际歌谣多出一首，而民怨缺第九首，相当于实际歌谣减少一首。此版中对歌谣序号重新予以排列，故与旧版有所不同，特此说明。

旧书勘校是一项非常严肃的专业工作，我们对《西南采风录》的校勘虽做了大量工作，但为了不至喧宾夺主，故未将勘误表附列。

九、特别值得回顾的是再版《西南采风录》实际上是几位西南联大后人的一次志愿者行动。

语言学家邢公畹次子邢沅先生与《西南采风录》作者刘兆吉次子刘重来教授洽谈了再版意向，并与当年的步行团成员、历史学家王玉哲长女王兰珍女士共同组织稿件，并亲自担任责任编辑工作。王兰珍女士将王玉哲先生当年收藏的湘黔滇沿途老照片和手迹翻拍收录本书。

西南联大总务长郑天挺先生嫡孙郑光先生帮助联系了黄师岳中将嫡孙黄超先生为本书撰稿，并特为本书题写书名与篆刻。

步行团团长黄钰生教授的女儿黄满女士提供了父亲《西南采风录》"黄序"手稿图；西南联大毕业的张涛、萧淑芳夫妇长女张围女士为本书的再版出谋划策；中文系彭仲铎教授的嫡重孙彭安先生以及申泮文院士的女儿申红女士，都为本书的出版付出了辛劳。

特别值得欣慰的是，经过西南联大几代后人的志愿合作，终于在 2023 年春节之前，完成此书的全部编辑工作，并付梓上传。

在此，谨向所有志愿者表示诚挚的感谢。

值此国立西南联合大学成立 85 周年之际，谨以此书向西南联大致敬。

编者敬记